Johann Eisenmann

DAS MITTELALTER

Geschichts-Daten

748 – 814	Karl der Große
24.12. 800	Krönung Karls des Großen zum Kaiser
820 – 867	Papst Nikolaus I.
893 – 911	Ludwig IV., das Kind
876 – 936	Heinrich I., der Vogler
933	Sieg in der Schlacht bei Riade gegen die Ungarn
934	Sieg in der Schlacht bei Haithabu gegen die Dänen
892 – 932	Marozia
914 – 932	Römisches Hurenregiment (Pornokratie) in Rom unter Marozia
912 – 973	Otto der Große
936	Krönung Ottos zum ostfränkischen König
951	Ottos Marsch nach Italien, Hochzeit mit Adelheid, Krönung als König der Langobarden
955	Sieg in der Schlacht auf dem Lechfeld gegen die Ungarn
937 – 964	Papst Johannes XII., Oktavian
962	Krönung Ottos des Großen zum Kaiser
999	Milleniums-Ängste
1017 – 1056	Heinrich III.
1039	Krönung Heinrichs III. zum König
1046	Krönung Heinrichs III. zum Kaiser
1020 – 1085	Papst Gregor VII., Mönch Hildebrand von Soana
1073	Ernennung von „Mönch Hildebrand“ zum Papst
1075	Gregorianische Reformen, 27 Thesen „Dictatus papae“
1077	Heinrichs IV. Gang nach Canossa
1042 – 1099	Papst Urban II.
1095	Aufruf zum 1. Kreuzzug durch Papst Urban II.

Geschichts-Daten

1098 – 1179	Hildegard von Bingen
15. Juli 1099	Eroberung Jerusalems durch die Kreuzfahrer
1118	Gründung des Templer-Ordens
1122	Wormser Konkordat
1125 – 1190	Friedrich I., Barbarossa
139	Verleihung weit reichender Privilegien an die Templer
1144	2. Kreuzzug
1150 – 1320	Glaubensbewegung der Katharer
1155	1. Italienfeldzug Friedrichs I. Krönung Friedrichs I. zum Kaiser
1158	2. Italienzug Friedrichs I.
1160	Schisma: Papst und Gegenpapst
1170 – 1221	Dominikus Guzman
1179	Bannung der Katharer als Ketzer
1182 – 1226	Franz von Assisi, Johannes Bernadone
1189	3. Kreuzzug
1209	Gründung des Franziskaner-Ordens
1215	Gründung des Dominikaner-Ordens
1231 – 1834	Zeitalter der Inquisition
1291	Rückeroberung des Heiligen Landes durch Moslems
1294	Einführung des Heiligen Jahres
1307	Jagd und Ermordung der Mitglieder des Templer-Ordens
1347 – 1353	1. Pest-Epidemie in Europa
1370 – 1380	2. Pest-Epidemie in Europa
1450 – 1750	Hexenverfolgungen in Europa
1484	Veröffentlichung der „Hexenbulle“
1486	Veröffentlichung des „Hexenhammer“
1450	Beginn der Renaissance
1483 – 1546	Martin Luther
1506	Bau des Petersdoms in Rom
31. Oktober 1517	95 Thesen von Martin Luther

Inhaltsverzeichnis

Inhaltsverzeichnis

Um die Geschichte des Mittelalters mit all ihren Abgründen, aber auch ihren schönen Facetten und nachhaltigen Auswirkungen zu begreifen, sollte man erst einmal wissen, wie die Welt zuvor aussah. Lassen wir daher in einem Schnelldurchlauf die europäische Geschichte seit dem Ende des Römischen Reiches an uns vorbei ziehen.

Das Römische Imperium versank im 5. Jahrhundert nach Christi Geburt im Chaos von Hunnensturm und Völkerwanderung. Übrig blieb das byzantinische Reich im Osten mit einem Kaiser, der in Konstantinopel residierte. Übrig blieb auch die römische Kirche. Ihre Macht war ungebrochen, denn in jenen schweren Zeiten suchten die Menschen mehr denn je Trost im Glauben.

Entwurzelte Germanenstämme durchzogen in dieser Zeit raubend und mordend Europa und machten sich auf dem Boden des einstigen Imperiums breit. Sie waren Heiden, die eroberten Gebiete hingegen römisch-katholisch. Die Eindringlinge waren aber zahlenmäßig zu wenige, um in den besetzten Gebieten dauerhaft zu herrschen. Das gelang nur einem Germanenvolk: den „Freien", den Franken. Das römische Gallien hatten sie schon fest in ihrer Hand, und innerhalb von drei Jahrhunderten wuchs ihr Reich zur neuen Weltmacht heran.

Das Germanenreich reichte von den Pyrenäen bis an die Nordsee, vom Atlantik bis an die Elbe und im Südosten bis tief hinein ins heutige Ungarn. Der größte Teil Italiens gehörte zu seinem Herrschaftsbereich – und eigentlich auch die römische Kirche. – Die heidnischen Franken waren schnell und ganz pragmatisch Christen geworden, denn mit der Unterstützung der Kirche regierte es sich leichter.

Und der mächtigste, der christlichste aller Herrscher – Karl der Große – vereinigte konsequent die Welt des Glaubens mit der Staatsgewalt und verwirklichte die Vision vom „Gottesstaat auf Erden". Auf der Höhe seiner Macht wurde er am Weihnachtstag des Jahres 800 vom Papst der römischen Kirche zum Kaiser gekrönt.

Karl der Große hielt das Szepter fest in seiner Hand. Er war der „Vertreter Gottes auf Erden" und die römische Kirche war sein Werkzeug. Doch als sein Sohn Ludwig der Fromme den Thron bestieg, wendete sich das Blatt: Der Klerus wurde zum eigentlichen Herrscher. Die Berater des Kaisers, die Bischöfe, hatten seitdem das Sagen, und die heilige Allianz zwischen Kaiser und Papst führte bald zu einem erbitterten Machtkampf hinter den Kulissen.

Die Söhne Ludwigs des Frommen teilten das fränkische Riesenreich des Abendlandes schließlich unter sich, der Gottesstaat auf Erden zerbrach. Karl II., auch „der Kahle" genannt, erhielt das westfränkische Reich, das heutige Frankreich. Lothar I. wurde Herrscher über Lotharingien, das von der Nordsee über den Rhein bis nach Italien reichte. Und Ludwig der Deutsche schließlich bekam den ostfränkischen Teil, das heutige Deutschland.

Während die Macht der Karolinger fortan schnell versiegte, schwang sich die römische Kirche zu neuen Höhen auf. Rund ein Drittel des Grund und Bodens in Europa nannte sie ihr Eigen, und durch die 10-prozentige Kirchensteuer, die ihr Karl der Große per Gesetz eingeräumt hatte, war sie die stärkste Wirtschaftsmacht.

Rom, das Zentrum der Welt

Rom wurde Mitte des 9. Jahrhunderts das Zentrum der abendländischen Welt, und der Bischof von Rom – einst ein Bischof unter vielen – fühlte sich jetzt als „Papst" und Alleinherrscher über den Klerus, ja sogar über die ganze Christenheit. Um jedermann von der Rechtmäßigkeit der päpstlichen Herrschaftsansprüche zu überzeugen, fand es der Papst hilfreich, nachweisen zu können, dass schon die ersten römischen Bischöfe ähnliche Machtvollkommenheit besessen hätten.

Daher machte man sich daran, Urkunden und Briefe der allerersten Kirchenväter zu finden, um jeden Zweifel ausräumen zu können. Diese Beweise, die pseudo-isidorische Dekretale genannt werden, waren größtenteils Fälschungen – hergestellt in den Schreibstuben des Papstes. Aber das störte damals nicht weiter.

Kaum 50 Jahre nach dem Tod Kaiser Karls des Großen setzte Papst Nikolaus I. mit einem vorher nie da gewesenen Selbstbewusstsein die kirchlichen Herrschaftsansprüche durch. Er nannte sich Richter über die ganze Welt, fühlte sich durch keinerlei fremdes Recht gebunden,da er von Christus selbst eingesetzt zu sein glaubte. Bei solcher Machtvollkommenheit war es kaum verwunderlich, dass das Papsttum bald seltsame Blüten treiben sollte.

Im Jahre 900 wurde im ostfränkischen, dem deutschen Reich, ein neuer König gekrönt. In deutschen Landen war er der letzte aus dem Geschlecht der Karolinger. Doch er war kein Hoffnungsträger für das schwache Reich. Er war erst sieben Jahre alt und wurde daher Ludwig das Kind genannt.

Und er sollte auch nie erwachsen werden, denn er war schwachköpfig.

Die Verwaltung des Reiches lag an seiner Statt in den Händen der Erzbischöfe Hatto von Mainz und Salomon von Konstanz. Sie regierten im Namen des Königs – für die Kirche. Der Adel, die Pfalzgrafen, einst waren sie die Spitzen des Kaiserreiches gewesen, kümmerten sich jetzt nur noch um ihre eigenen Interessen und bekriegten sich oft genug gegenseitig.

Dabei wäre gerade jetzt eine starke Hand nötig gewesen, die Einheit schafft, um den alljährlich sich wiederholenden Raubzügen der Ungarn wirkungsvoll entgegenzutreten. Auch die „nordische Gefahr" war keineswegs gebannt. Die Wikinger fielen in schönster Regelmäßigkeit im Reich ein. Und was tat der Bischof von Mainz dagegen? Er kämpfte nicht gegen die Eindringlinge, er bezeichnete sie als verdiente Geißel Gottes, die man demütig über sich ergehen lassen müsse.

Dabei hätte es damals einen starken Mann im Reich gegeben, der sich auch bei den anderen Mächtigen hätte durchsetzen, der den täglich wachsenden Ansprüchen der geistlichen Herren hätte wirkungsvoll entgegentreten können. Das war Otto, der Sachsenherzog.

Gerade die Sachsen, die noch vor 100 Jahren von Karl dem Großen so schrecklich dezimiert und mit Feuer und Schwert ins Christentum geprügelt worden waren, gerade sie waren wieder stark geworden – und weiterhin trotzig dem Klerus gegenüber. Otto hatte sein Lehen nicht wie andere aus der Hand des Bischofs im Namen eines regierungsunfähigen Königs erhalten. Er war von seinem Sachsenvolk gewählt worden, nach altem Stammesbrauch.

Doch Otto stammte aus keinem Herrschergeschlecht. Dagegen ist „König Ludwig das Kind“ ein „Karolinger“. Damit war sein Thron unantastbar, und Erzbischof Hatto konnte in seinem Namen regieren wie er wollte. *„Keine Macht, selbst nicht der König, hat das Recht, dem Priester zu widersprechen; denn der Priester ist Gottes Rechtsverwahrer, die Edlen aber sind nur irdische Machthaber.“* Solcherlei Weisheit ist jetzt in mancher Predigt zu hören.

Als Ludwig das Kind im Jahre 911 im Alter von nur 18 Jahren starb, wurde der Reichstag einberufen. Alle Pfalzgrafen waren versammelt, um einen neuen König zu wählen. Die Herrschaft der Karolinger war im deutschen Reich mit Ludwig zu Ende gegangen. Es gab keinen Nachfolger. Jetzt sollte einer der Pfalzgrafen König werden.

Otto von Sachsen wäre wohl der Richtige gewesen. Aber viele der Edlen waren dagegen. Sie fürchteten, Otto könnte nicht nur die Rechte der Kirche beschneiden, sondern auch ihre eigenen. Außerdem war Otto den herrschenden Bischöfen ein Dorn im Auge, und wie sollte er gegen den Klerus regieren können!?

Auch Otto selbst wollte die Königskrone nicht. Er fühlte sich zu alt für die schwere Aufgabe, das Reich und die zerstrittenen Grafen zu einen – noch dazu gegen einen starken Klerus. Außerdem hätte Erzbischof Hatto der Wahl sicher nicht zugestimmt, hatte doch Otto zuvor verlauten lassen, er würde das Mainzer Erbbistum mit seinen riesigen Ländereien in Sachsen und Thüringen einfach auflösen.

Die Gründung des deutschen Reiches

Fiele die Wahl tatsächlich auf Otto, so würde sich Bischof Hatto wohl beim westfränkischen König Hilfe holen. Bei den Franken des Westreiches herrschte nämlich noch ein Karolinger, Karl III. Der hatte allerdings selbst alle Hände voll zu tun gegen aufständische Fürsten in seinem Reich und musste sich zudem gegen die Normannen erwehren. Seine Machtvollkommenheit war zudem arg beschränkt. Die Kirche war bei den Westfranken ebenfalls mächtiger als die Könige. Daher hätte Karl der Einfältige, wie er auch genannt wurde, wohl kaum ablehnen können, wenn ihn die Kirche um Hilfe gebeten hätte.

Das alles galt es zu bedenken. – Schließlich einigte man sich auf Konrad von Franken. Der war ein tapferer Krieger und den Kirchenmännern sehr willkommen. Erzbischof Hatto selbst hatte ihn vorgeschlagen. – Sieben Jahre lang versuchte Konrad, dem zerrissenen Reich Ruhe zu geben, trat mit Hilfe der Bischöfe den immer eigenmächtiger werdenden Herzögen entgegen, versuchte, das Reich vor den Ungarn zu schützen, doch alles war vergeblich. Er hatte nicht das Volk auf seiner Seite, sondern nur die Kirche.

Sein Gegenspieler war erst Otto von Sachsen, und als der starb, war es dessen Sohn Heinrich, später auch Heinrich der Vogler genannt. Der hatte sich wie sein Vater von seinem Volk zum Herzog wählen lassen – beim Thing nach altem Stammesbrauch. Das war ein glatter Verstoß gegen das herrschende Recht des Königs. Konrad zog daher gegen Heinrich zu Feld, holte sich aber rasch eine blutige Nase.

In deutschen Landen konnte man nur mit den Sachsen herrschen, nicht gegen sie. Das veranlasste wohl Konrads

Bruder Eberhard, der auf dem Sterbebett seines Bruders die Königswürde erben sollte, auf den Thron zu verzichten. Stattdessen schickte er Boten zum Sachsenherzog Heinrich, um ihm die Krone anzutragen. *„Herr Heinrich saß am Vogelherd..."* Die Minnesänger an den mittelalterlichen Burgen und Höfen erzählten noch lange die Geschichte von Herrn Heinrichs Berufung zum deutschen König – und wie er damit zum Gründer des Deutschen Reiches geworden war.

Das Reich, das Heinrich vorfand, war im Großen und Ganzen ein recht schmaler Streifen von der Nordsee bis zum Kamm der Alpen. Im Westen reichte das Gebiet nur stellenweise über den Rhein. Im Osten waren die Slawen rings um den Thüringer Wald vorgedrungen, hatten Elbe und Saale überschritten und sich im Maintal breitgemacht.

Das wenige Land, das zwischen den mittlerweile eng zusammen geschobenen Flanken lag, war nur zum Teil kultiviertes Land, umgeben von ausgedehnten Wäldern und Sümpfen. Nur am Rhein und an der Donau gab es größere Siedlungen, die noch meist aus der Römerzeit stammten. Hier wurden die Waffen getauscht, Werkzeuge aller Art, Waffen und Rüstungen, und feinere Kleider für die Reichen gab es zu kaufen.

Das karge Leben war ständig bedroht von den Horden der verschiedenen Slawenstämme, die den Osten heimsuchten. Am schlimmsten trieben es die Ungarn. Sie kamen mal in größeren mal in kleineren Gruppen, drangen in Häuser und Kirchen ein und raubten die Vorräte und Schätze, vernichteten die Felder und die Ernte und töteten oder verschleppten die Einwohner, wenn diese sich nicht rechtzeitig in Wälder und Sümpfe geflüchtet hatten. Es schien, als wären die furchtbaren Zeiten der Hunneneinfälle zurückgekehrt.

Zum Zeitpunkt von Heinrichs Krönung lag die Königsmacht am Boden. Stattdessen regierten hauptsächlich die Bischöfe, nur in wenigen Gebeten hatten die Stammesherzöge das Sagen. Das führte zu andauernden Auseinandersetzungen. Und statt sich gegen die Feinde von außen zur Wehr setzen, zogen die Herzöge oft genug gegeneinander ins Feld. Dazu aber brauchten sie Vasallen, die sie bezahlen mussten. In ihrer Not zogen sie häufig Kirchengüter ein, was dem Klerus extrem missfiel.

Nein, es war eigentlich kein Reich, das der neue König Heinrich I. bei seiner Krönung vorfand, es war mehr oder weniger eine Ansammlung von Fürstentümern, die bald miteinander, bald gegeneinander kämpften. „Herr Heinrich", wie der neue König auch gerne genannt wurde, ging gleich sehr tatkräftig zu Werke. Auf sein eigenes Volk, die Sachsen, auf die konnte er sich verlassen. Auch die Franken waren auf seiner Seite, denn der Herzog der Franken war Eberhard, der Bruder des verstorbenen Königs, der ihm die Krone ja angetragen hatte.

Die Brüskierung des Klerus

Gleich zu Beginn seiner Herrschaft erteilte Herr Heinrich dem Klerus eine herbe Abfuhr. Als der Nachfolger Hattos von Mainz, Erzbischof Heriger, ihn zum König salben wollte, lehnte Heinrich I. einfach ab. Er wollte nicht von Kirchen Gnade König sein. Heriger drohte daraufhin: „Niemand wird einen König anerkennen, der nicht gesalbt ist. Auch der König des Westfrankenreiches drüben jenseits des Rheines wird nicht dulden, dass hier jemand sich König nennt, der die heilige Weihe verachtet, unter die selbst Kaiser Karl sich beugte."

Die Drohung verfehlte jedoch ihr Ziel. Da Herr Heinrich die Kirchenmänner brüskierte, war er sich ziemlich sicher, die anderen Edlen auf seiner Seite zu haben. Und der König der Westfranken, Karl der Einfältige, hatte genug damit zu tun, seine eigene Krone zu behalten. Der hatte sich nämlich selbst einen Dorn ins Fleisch gesetzt, als er den Normannen Land an der Atlantikküste gegeben hatte, die heutige Normandie. Die Wikinger hatten dort sofort einen starken und blühenden Staat errichtet und drängten zur Macht.

Erzbischof Heriger gab sich geschlagen. Auch aus Rom war keine große Hilfe zu erwarten, denn auf dem Stuhl Petri herrschte ziemliches Chaos. Entschlossen festigte Herr Heinrich seine Macht gegenüber der Kirche, indem er auf frühere Gepflogenheiten zurückgriff: Die Bischöfe wurden jetzt wieder vom König eingesetzt, und er wählte dafür ihm ergebene Männer, die ihr Amt nicht dazu benutzten, um in die Geschäfte des Reiches hineinzureden oder gar Unfrieden zu stiften. Fast im Handumdrehen gelang es Heinrich so ohne Blutvergießen, die restlichen Stammesherzöge unter seiner Führung zu einen.

In überraschend kurzer Zeit war es dem neuen König gelungen, das Reich im Innern zu festigen. Viel größer waren dagegen die Schwierigkeiten, die ihm die Ungarn bereiteten. Ihre schnelle Reiterei galt als unbesiegbar. Sie nur einigermaßen in Schach zu, ging schon fast über die Kräfte seiner Armee. Die Ungarn vernichtend zu schlagen, daran war einstweilen nicht zu denken. In seiner Not unterbereitete Heinrich dem Ungarnführer ein Angebot, das dieser nicht ausschlagen konnte. Für neun lange Jahre verpflichtete er sich zu einer jährlichen Tributleistung, wenn die Ungarn für diese Zeit sein Volk unbehelligt ließen.

Jetzt hatte er Zeit gewonnen, die er entschlossen nutzen wollte. Er ordnete daher als König folgendes an: *„Zum Ersten: dass allenthalben in den Gauen sofort steinerne Burgen angelegt oder vorhandene umgebaut werden sollen; zum Zweiten: dass Städte und größere geschlossene Siedlungen mit festen steinernen Mauern zu umgeben sind; zum Dritten: dass ein Reiterheer geschaffen werde, indem von neun Männern immer einer ständig in der Burg wohnen soll, während seine acht Gefährten ihre Äcker bestellen, säen und ernten mögen; zum Vierten: dass von jeder Ernte ein beträchtlicher Teil auf der Burg abzuliefern sei, sowohl zum Unterhalt der Reiter als auch zum Vorrat, wenn bei einem Überfall die Gausassen dort Zuflucht suchen müssen; zum Fünften schließlich: dass Thinge, Tagsatzungen und Feste im Gau immer in den Burgen sollen begangen werden, damit das Volk sich an sie gewöhne und in ihnen heimisch werde!*
Es galt uns gutes Recht, dass, wer den Boden bebaut, auch das Schwert tragen darf. Nun wird bald manch einer das Schwert tragen, der Äcker nicht mehr sein eigen nennt. Aber die Not gebietet uns, so zu handeln."

Das war damals die Geburtsstunde der Ritter, der Armee der Panzerreiter. Landauf landab konnten sie in Turnieren ihre Künste zur Schau stellen und dabei gegenseitig ihre Kräfte messen. Die Ritter waren eine Waffe mit gewaltiger Durchschlagskraft. Fortan sollten als vollwertige Krieger nur noch die Panzerreiter gelten. Aber die neue Elitetruppe war teuer. Der Wert einer Rüstung samt Pferd entsprach einem Gegenwert von 40 bis 45 Kühen. Das war der Bestand eines ganzen Dorfes.

Als erstes führte Herr Heinrich sein neues Reiterheer gegen die Slawen, die mit den Ungarn befreundet waren, und sich oft genug auf deren Seite gestellt hatten. Mit der neuen Waffe waren die Slawen leicht zu besiegen. Dann endlich kam wieder der Tag, an dem die Abordnung der Ungarn erschien, um ihren jährlichen Tribut einzufordern. Der König eröffnete ihnen brüsk: *„Euer Weg war vergeblich. Die Männer meines Volkes wollen nun nichts mehr herschenken, und unser Vertrag vom Jahre 924 ist damit hinfällig geworden."*

Für die Ungarn war das eine herbe Enttäuschung, hatten sie sich doch bereits an diese bequeme Art des Broterwerbs gewöhnt. Eine Auseinandersetzung auf dem Schlachtfeld war jetzt unausweichlich. Um die Jahreswende 933 wälzte sich der Zug der angreifenden Ungarn von der Donau zum Elbetal und flutete durch Böhmen heran. Der Hunger hatte sie noch mitten im Winter aufbrechen lassen. Als die erste strenge Kälte nachließ und sich der Winter dem Ende zuneigt, da stießen sie schon an die Grenzen des Reiches.

Ritter und Burgen

Doch mittlerweile waren überall Burgen entstanden, die für die Steppenreiter uneinnehmbar waren. Die Burgen einfach zu umgehen und sie im Rücken zu lassen, das wagten die Ungarn nicht. Sie wären so leicht zwischen zwei Fronten geraten. So teilten sie ihr Heer. Während ein Teil die Belagerung fortsetzte, umging der andere Teil die Befestigungsanlagen und wollte über das Landesinnere herfallen.

Doch statt der erwarteten Beute fanden die Ungarn nur verlassenen Hofstellen – kein Vieh, nur leere Ställe und Scheunen. Enttäuschung, Hunger und Kälte machten sich breit. Und irgendwo in den Wäldern, da wartete Herr

Heinrich mit seiner Streitmacht auf sie. Erschöpft schlugen die Ungarn ihr Nachtlager auf und postierten ihre Wachen. Doch der neue Tag war noch nicht angebrochen, da waren Sachsen und Thüringer mitten unter ihnen. In wilder Flucht versuchten sie, sich zu retten.

Doch die Ungarn gaben sich noch nicht geschlagen. Noch nie hatten sie einen Kampf verloren und jetzt, im Sattel ihrer Pferde, da fühlten sie sich wieder in ihrem Element und neuer Mut keimte auf. Das nächtliche Gemetzel – Mann gegen Mann - das war nicht ihr Kampf, da waren sie chancenlos. Als der neue Tag anbrach, da griffen sie neu an. Es war ihre altbewährte Kampfesweise, die sie anwendeten. Welle auf Welle, den Pfeil auf dem Bogen, sprengten sie heran, schossen, wendeten und jagten wieder zurück.

Aber der Erfolg war nicht mehr der gleiche wie früher. Von den Berghängen flogen ihnen Pfeile entgegen, rissen Löcher in die Angriffsfront. Getroffene – Männer wie Pferde – wälzten sich am Boden und behinderten die nächsten Angriffswellen. Doch nicht genug damit. In ihrem Rücken ertönten Hornsignale. Herrn Heinrichs neue Waffe, die Reiterei, sprengte heran. Da war es vorbei mit den Ungarn, mit den Geißeln Gottes. Wer überlebte, der suchte schleunigst das Weite. Solange Heinrich König war, kamen die Ungarn nicht mehr wieder.

Waffen tragen und zum Kampf ziehen, war nun ausschließlich Sache der Reiter geworden. Die Bauern konnten nicht ihre Felder bestellen und zugleich wirkungsvoll Krieg führen. Es war daher die Zeit der Ritter, die jetzt anbrach. Ihre Burgen versprachen Schutz und Zuflucht. Die Krieger mussten aber nicht nur mit Lebensmitteln, sondern auch mit Waffen, Werkzeugen, Kleidung und

Hausrat aller Art versorgt werden. So siedelten sich rund um die Burgen Handwerker und Händler an. Städte entstanden. Es war der Beginn einer neuen Gesellschaftsordnung.

Ein Jahr nach dem großen Erfolg gegen die Ungarn kam es zum Krieg mit Dänemark.
Die Dänen gehörten zu den Nordmännern, den Wikingern, die im 8., 9. und 10. Jahrhundert einen großen Einfluss auf die damalige Welt ausübten. Die begabten Seefahrer fuhren von ihren skandinavischen Heimatländern aus in die ganze Welt. Bis nach Kanada kamen sie.
In Europa gab es kaum einen Flecken, der nicht irgendwann von den Wikingern bedroht wurde. Zur Zeit Karls des Großen überfielen sie die Nordseeküste im Frühjahr und kehrten mit großer Beute im Winter heim.

Die Dänen suchten hauptsächlich die englischen Küsten heim, kamen aber auch bis in Mittelmeer. Sie fuhren auch rheinaufwärts bis nach Mainz und plünderten die Dörfer der Region. Jahrhunderte später sprach man hier immer noch von der „nordischen Gefahr“. Das war der Feind, dem sich jetzt Herr Heinrich entgegenstellte.

In Juni des Jahres 934 zog er mit seinem neuen Ritterheer nach Norden. Die Dänen verschanzten sich hinter den festen Wällen, die sie von der Schlei bis zur Eider gebaut hatten, um allen Feinden den Zugang zu ihrer Handelsstadt Haithabu zu verwehren. Erdwälle und Holzpalisaden aber waren für Heinrichs Panzerreiter schon lange kein ernstes Hindernis mehr, und die Dänen mussten zu ihrem Schrecken erleben, dass in kurzer Zeit nicht nur die Wälle in Heinrichs Hand fielen, sondern auch die Stadt Haithabu belagert und berannt wurde.

Da gab der Dänenkönig den Kampf auf und verlegte sich aufs Verhandeln. Herr Heinrich erklärte, er habe nicht die Absicht, das Land der Dänen zu unterwerfen und das Volk sich botmäßig zu machen, aber er müsse fordern, dass die Angriffe der Normannen in sächsisches Gebiet und nach Friesland künftig unterblieben. Und er verlangte zum Unterpfand dafür die Abtretung des jetzt genommenen Gebiets einschließlich der Wälle und der Stadt Haithabu.

Das waren harte Bedingungen für die Dänen, denn von Haithabu aus führten die Handelswege nach Friesland und in den Süden sowie die Seewege nach Schweden. „Was willst du mit Haithabu, König der Deutschen? Ihr habt keine Schiffe und deine Leute sind nicht der Seefahrt kundig. Was nützt dir die Stadt am Meer, wenn du es nicht befahren kannst?"
Als Kompromiss wurde vereinbart, dass die Dänen ihre Stadt weiter nutzen durften, aber gleichzeitig Sachsen in Haithabu angesiedelt werden sollten.

Der Norden des Reiches blieb von nun an von den Einfällen der Nordmänner verschont.
Herr Heinrich stand im 61. Lebensjahr. Sein Reich war wohl bestellt, die äußeren Feinde besiegt, die Übermacht der römischen Kirchen zurückgedrängt. Die Herzöge hatten jedoch weiterhin große Macht und herrschten nahezu uneingeschränkt in ihren Gebieten. Doch solange sie sich unter den König stellten, war das Reich stark. Eines blieb König Heinrich noch zu tun: Er musste die Nachfolge seiner Herrschaft sicherstellen.

Der machthungrige Otto der Große

Die Frage nach einem geeigneten Nachfolger mag ihm so manche schwere Stunde bereitet haben. Seine Tochter

Gerberga, die wusste er wohl verheiratet mit dem Herzog von Lothringen. Lothringen war damit fest ans deutsche Reich gebunden. Aber seine vier Söhne, die werden ihm wohl Kopfschmerzen bereitet haben.

Speziell Otto, der als sein Nachfolger vorgesehen war, war kein Herrscher nach dem Sinn Heinrichs. Er strebte zu sehr nach Geltung. Kaiser wollte er werden, das kündigte er schon als Junge an. Heinrich soll da oft gegen gehalten zu haben. „Mein Sohn Otto der Erste, du Hosenscheißer wirst niemals Kaiser!“ So wusste man jedenfalls in späteren Zeiten über das Verhältnis zwischen Vater und Sohn zu berichten.

Doch als Herr Heinrich im Jahre 936 starb, erwählten die Großen des Reiches einstimmig den 24-jährigen Otto zu seinem Nachfolger. Otto hatte von seiner königlichen Würde eine sehr hohe Meinung. Er wollte herrschen wie Karl der Große und den Gottesstaat auf Erden wieder zum Leben erwecken.

In der Karlsstadt Aachen ließ er sich vom Mainzer Erzbischof mit dem heiligen Öl salben. Die Kroninsignien wurden ihm überreicht – das Schwert zum Schutz gegen alle Feinde Christi, die Armspangen, der Königsmantel sowie Szepter und Stab. Zwei Erzbischöfe setzten ihm die Krone aufs Haupt und König Otto nahm auf dem Marmorthron Karls des Großen Platz. Jetzt war er „König von Gottes Gnaden“, gesalbt von den Vertretern des Himmels auf Erden. Ganz nah fühlte er sich seinem Vorbild Karl dem Großen. Gleich zu Beginn seiner Regierung gründete er das Magdeburger Kloster und ließ es dem heiligen Mauritius weihen, dem Bekämpfer der Heiden. Und Heiden gab es noch viele an den Grenzen des Reiches.

Otto wollte herrschen. Und er wollte allein herrschen. Er wollte nicht von den Landesherzögen abhängig sein. Er wollte ihre Macht brechen und allein regieren. So hatte er sie bald alle gegen sich und im Reich herrschte Bürgerkrieg. Drei Jahre tobten die Aufstände, dann hatte Otto alle Widersacher bezwungen. Der Herzog von Franken fiel bei Andernach im Kampf, der Herzog von Lothringen ertrank auf der Flucht im Rhein. Ottos Bruder Heinrich und der Erzbischof von Mainz wurden gefangen gesetzt. Jetzt konnte Otto sogar über die Herzogtümer der Verschwörer verfügen.

Aber die Wirren im Innern schwächten das Reich. Im Osten erhoben sich die mühsam unterworfenen Slawen und stießen über die Grenze vor. Auf der anderen Seite des Reiches fielen die Westfranken unter König Ludwig im Elsass ein. Otto hatte große Mühe, seine Macht zu behaupten. Der Weg zum Kaisertum und zum Gottesstaat auf Erden schien unendlich weit. Doch mit viel Glück konnte er die Ruhe im Reich wieder herstellen und die Grenzen sichern.

Jetzt, da seine Herrschaft weitgehend gefestigt war, beschloss er, die Slawen zu missionieren.
Und auch den Dänen wollte er das Heil der Kirchen bringen, um sie für die Zukunft zu befrieden. Gleichzeitig begann er, die Machtstrukturen im Innern des Reiches zu verändern. Er wollte sich die Kirche gefügig machen. Mit Neugründungen und großzügigen Landüberschreibungen an Bistümer und Klöster sicherte er sich das Recht, dort auch Bischöfe und Äbte zu ernennen oder auf Wahlen Einfluss zu nehmen. Die Treuesten aus seiner Gefolgschaft sollten diese hohen Kirchenämter bekleiden und Aufgaben der Reichsverwaltung übernehmen. Nach deren Tod würden die Ländereien dann wieder dem König zufallen.

Dieses Reichskirchensystem wurde ein Pfeiler seiner Königsmacht und erwies sich als sehr vorteilhaft für das ganze Land. Otto war dadurch vom Wohlwollen des Adels weitgehend unabhängig, denn er beherrschte das Volk über die Kirche. Eine neue Anziehungskraft ging jetzt aus von dem gefestigten Reich der Deutschen in der Mitte Europas – und seinem König Otto I.. Aber er war noch nicht Kaiser, noch nicht Otto der Große.

Kaiser zu sein, bedeutete, Beschützer der ganzen Christenheit zu sein. Kaiser zu sein bedeutete auch, den Stuhl des Papstes in Rom zu schützen. Kaiser zu sein bedeutete letztlich auch, über Italien zu herrschen. Und die Umstände in dem Land südlich der Alpen schrieen förmlich nach einer starken ordnenden Hand.

In jener Zeit gab es noch keine Kardinäle. Der Papst wurde von der römischen Geistlichkeit und vom Volk Roms gewählt – vom Volk, das heißt, von denen, die den größten Einfluss hatten – und das war der römische Stadtadel. Für die Papstwahl war daher nicht immer ein gottesfürchtiges Leben von Bedeutung, sondern zählten oft völlig andere Qualitäten.

Marozia, die Papstmacherin

So trug es sich zu, dass zu Beginn des 10. Jahrhunderts nicht der Heilige Geist, sondern eine Frau den Päpstlichen Stuhl in Händen hielt. Marozia, die Mätresse des mächtigen Markgrafen Adalbert von Toskana, besetzte damals den päpstlichen Stuhl zunächst mit ihrem Liebhaber Sergius III.. Marozia gebar ihm als Papst einen Sohn, der später ebenfalls Papst werden sollte.

Als Sergius starb, erhob Marozia ihren neuen Liebhaber, der auch ihre Schwester Theodora begattete, zum nächsten Papst: Anastasius II.. Diesem folgte nach kurzer Zeit Johannes X., denn das Schwesternpaar konsumierte viele Päpste. Auch Johannes X. überwarf sich mit Marozia. So ließ sie ihn gefangen setzen und ersticken. Leo VI., der nun folgte, wurde ebenfalls nach einigen Monaten ermordet. Endlich machte Marozia ihren mit Sergius III. gezeugten Sohn als Johannes XI., zum Papst. Allerdings nicht für lange. Einer der Feinde dieses Papstes brachte ihn in seine Hand und ließ ihn im Gefängnis vergiften.

Als „römisches Hurenregiment“ ging die Zeit in die Geschichtsschreibung ein. Der päpstliche Schriftsteller Bischof Baronius berichtete: „In diesem Jahrhundert war der Gräuel der Verwüstung im Tempel und Heiligtum des Herrn zu sehen, und auf Petri Stuhl saßen die gottlosesten Menschen, nicht Päpste, sondern Ungeheuer. Wie hässlich sah die Gestalt der römischen Kirche aus, als geile und unverschämte Huren zu Rom alles regierten, mit den bischöflichen Stühlen nach Willkür schalteten und ihre Galane und Beischläfer auf Petri Stuhl setzten.“

Selbstredend nahm sich damals auch so mancher hohe geistliche Würdenträger ein Beispiel an den römischen Verhältnissen. „Man findet unter dem Klerus nichts anderes als Üppigkeiten, liederliches Leben, Völlerei und Hurerei. Ihre Häuser haben sie ganz infam gemacht und sie in Hurenherbergen verwandelt. Tag und Nacht wird darin gesoffen, getanzt und gespielt. Ihr Bösewichte, müsset ihr die Vermächtnisse der Könige und die Almosen der Fürsten so anwenden?“ So klagte damals ein Zeitgenosse.

Die Kaiserkrönung Ottos

Die politischen Verhältnisse in Italien waren zu dieser Zeit nicht minder chaotisch. Der König der Langobarden war im Jahre 950 unverhofft verstorben, und die 19-jährige Königin Adelheid war somit plötzlich Witwe geworden. Markgraf Berengar von Ivrea war Herr eines Fürstentums in der westlichen Lombardei und nutzte die Gunst der Stunde. Er riss die Herrschaft über die Langobarden an sich und versuchte, die Königswitwe Adelheid zu zwingen, seinem Sohn Adalbert ihre Hand zu reichen. Damit sollte die Machtergreifung legitimiert werden. Als Adelheid die Verbindung mit Adalbert zurückwies, wurde sie, so der Bericht des Abtes Odilo von Cluny, *„unschuldig gefangengehalten, durch vielfache Quälereien geängstigt, ihres Haarschmuckes beraubt und am Ende mit einer Dienerin in einen dunklen Kerker eingeschlossen.“*

Die Kunde von ihren Leiden verbreitete sich schnell im Abendland. Schließlich gelang es ihr zu fliehen. Ein Geistlicher hatte der Königswitwe und ihrer Dienerin zu diesem Zweck Männerkleidung verschafft. Unter vielen Gefahren schlugen sich die beiden Frauen durch bis in die Gegend von Mantua, wo sie ein Ritter namens Azzo auf seiner Burg am Gardasee in Sicherheit brachte. Von dort rief Adelheid die Hilfe des deutschen Königs an.

Das war die Chance. König Otto musste nun nach Süden. Im Spätsommer 951 überquerte er mit seiner Herrenmacht den Brenner und kam durch das Etschtal nach Oberitalien. Kein Widerstand regte sich. Trient und Verona öffneten ihm ihre Tore. Im September rückte Otto in die Hauptstadt Pavia ein. Auch Mailand, die größte Stadt Oberitaliens, nahm ihn mit offenen Armen auf.

Nach dem erfolgreichen Einmarsch warb Otto um die Hand der jungen Adelheid. Welche Frau hätte einem solchen Sieger widerstehen können! Noch im gleichen Jahr fand die Hochzeit statt. Mit der Heirat gewann der deutsche König auch die Langbardenkrone und wurde Rex Langobardorium, „König der Franken und Langobarden“.

Jetzt war Ottos Kaisertraum zum Greifen nahe. Er ließ bei Papst Agapetus II. nachfragen, ob der seinem Wunsche nach der Kaiserkrönung entsprechen wolle. Doch der Papst lehnte ab.
Otto war trotz seiner Streitmacht in Italien nicht in der Lage, Druck auf den Papst auszuüben, denn zu Hause im deutschen Reich revoltierte wieder der Adel. Er musste so schnell wie möglich zurück, wollte er Herr im eigenen Lande bleiben. In Eilmärschen ging es über die Alpen nach Norden, dem aufsässigen Schwabenherzog entgegen.

Aber es kam noch schlimmer. Während Otto noch in blutiger Schlacht den Sieg erkämpfte, kam es im Osten des Reiches zum nächsten Aufstand. Es waren wieder die Slawen, die sich gegen seine Herrschaft und die zwangsmäßige Christianisierung auflehnten. Entschlossen warf Otto seine Streitmacht nach Osten. Die Slawen waren noch nicht besiegt, da fielen wieder einmal die Ungarn in Bayern ein. Sie überquerten den Lech und versuchten, Augsburg zu nehmen.

Die Augsburger wehrten sich verbissen, sie wollten nicht kapitulieren. Obwohl die Stadt nur von einer einfachen Mauer umgeben war, hielten die Verteidiger unter Bischof Ulrich mehrere Wochen lang dem Feind stand. Doch mit jedem Tag wurde die Lage aussichtloser.
Auf die Nachricht vom Ungarneinfall übertrug Otto I. den Befehl über die an der Elbe stehenden Streitmacht dem

Marktgrafen Gero. Er sollte sich allein mit den Slawen schlagen. Mit einem Teil der Truppe hastete der König über Weißenburg an der Altmühl und Donauwörth in Richtung Augsburg. Am 9. August schlug er nicht weit von der belagerten Stadt entfernt sein Lager auf und sammelte in aller Eile Bayern und Schwaben, Franken und Böhmen unter sein Banner.

Die Schlacht auf dem Lechfeld

Als die Ungarn durch Spähtrupps von der Ankunft der deutschen Streitmacht erfuhren, gaben sie die Belagerung von Augsburg auf und bezogen Schlachtordnung am linken Lechufer. Am Morgen des 10. August rückten die Deutschen unter dem Banner des heiligen Michael auf beschwerlichem und unebenem Gelände dem Feind entgegen – sie waren nur rund 8.000 Mann stark. Doch es waren schwer gerüstete Panzerreiter.

Die Ungarn griffen mit schnellen berittenen Bogenschützen an. Ein Teil von ihnen umging das Heer Ottos in weitem Bogen, fiel mit gellendem Geschrei dem Heer in den Rücken. Konrad der Rote – im Jahre zuvor noch Rebell gegen den König – konnte mit seinem fränkischen Aufgebot die Ordnung aber wieder herstellen. Jetzt stürmten die Deutschen mit Vehemenz gegen die Reihen der Ungarn. Mehrere Stunden wurde erbittert und blutig gekämpft. Gegen Abend war der Sieg errungen, das feindliche Heer in den Lech getrieben. Da die Flussufer sehr steil waren, wurden die Ungarn fast vollständig aufgerieben.

In dieser Schlacht hat sich Otto seinen Beinamen „der Große“ erworben. Jetzt hat er auch das Volk auf seiner Seite und seine Herrschaft ist endgültig gefestigt. Die Ungarn sollte nie mehr wiederkommen.

Der Jubel des deutschen Heeres war nicht ungetrübt. Viele Kampfgefährten waren gefallen. Unter ihnen auch Konrad der Rote, der so viel zum Sieg beigetragen hatte. Als der Ausgang der Schlacht schon abzusehen war, hatte Konrad des heißen Tages wegen die Helmbänder geöffnet. Zu früh – ein Pfeil traf ihn durch die Kehle.

Nach der Schlacht auf dem Lechfeld zog Otto sofort wieder an die Elbfront gegen die Slawen. Die boten freiwillig Tributzahlungen an, wollten aber ihre Selbstständigkeit behalten. Otto der Große wollte sie aber als Teil seines christlichen Reiches.

Das Siegesglück blieb ihm treu. Gleich in der ersten Schlacht unterlagen die Slawen unter Fürst Stoinef. Sein Kopf wurde auf eine Lanze gesteckt und auf freiem Feld zur Schau gestellt. Seinem Berater stachen die Sieger die Augen aus, schnitten ihm die Zunge ab und ließen ihn zwischen den Leichen auf dem Schlachtfeld liegen. Keine sehr christliche Tat.

Das deutsche Reich Otto des Großen war endlich innerlich gefestigt. Jetzt war die Zeit, sich seinem Traum, Kaiser werden zu wollen, zu widmen. Nach der Schlacht auf dem Lechfeld gegen die Ungarn hatte er vorsorglich schon mal eine Kaiserkrone in Auftrag gegeben. Das himmlische Jerusalem sollte sie symbolisieren, denn das „Heilige Römische Reich" war in seiner Sicht das Abbild des himmlischen Gottesreiches und hatte damit weltweit Geltung. ¬– Die Krone ist heute noch in der Wiener Hofburg zu sehen.

Während die besten Künstler der Goldschmiedekunst an Ottos Kaiserkrone arbeiteten, bestieg am 16. Dezember 955 in Rom ein neuer Papst den Petrusstuhl, Johannes XII.. Der hieß mit bürgerlichem Namen Oktavian. Er war erst 19 Jahrc alt und kcin Geistlicher. Seine Großmutter war Marozia, jene lebenslustige und einflussreiche Geliebte mehrerer päpstlicher Vorgänger, Geliebte auch des Markgrafen von Toskana.

Die Erfindung des Ablasshandels

Johannes verkaufte Bistümer und Kirchenämter an den Meistbietenden und gab ungeheure Summen für Pferde und Hunde aus. Er hielt nicht weniger als 200 Pferde, und diese durften nur mit Pistazien, Rosinen, Mandeln und Feigen gefüttert werden, die vorher in gutem Wein eingeweicht worden waren. – Guter Hafer und Heu wäre ihnen wahrscheinlich lieber gewesen.

Unter seiner Regierung ging es recht ausgelassen zu. Man lachte und tanzte in der Kirche und sang dazu sehr ungeistliche Lieder. Der päpstliche Palast wurde von Johannes XII. in eine Art Harem verwandelt. „Kein Weib war so keck, sich sehn zu lassen, denn Johannes notzüchtigte alles, Mädchen, Frauen und Witwen, selbst über den Gräbern der heiligen Apostel.“ So schrieb über ihn der Bischof von Cremona, Luitprand.

Es versteht sich von selbst, dass diese Art zu leben nicht ganz billig war. Papst Johannes XXIII. sann auf Abhilfe für seine notorische Geldknappheit und fand eine sehr ergiebige Geldquelle: die Dispensations- und Absolutionsgelder. Wollte jemand trotz mangelnden Alters Priester werden, so kostete das sechs Dukaten. Große Summen ermöglichten sogar die Erlaubnis, Fastenregeln missachten zu dürfen.

Eine weitere Einnahmequelle von Johannes XII. war die Erlaubnis zur Ehe zwischen Blutsverwandten. Wenn man bedenkt, dass bis zum 14. Verwandtschaftsgrad jede eheliche Verbindung per Kirchengesetz verboten war, dann musste nahezu jeder Heiratswillige diese Taxe entrichten, denn in ländlichen Gebieten war irgendwie fast jeder mit jedem verwandt.

Das nun war der Papst, der Otto den Großen zum Kaiser krönen sollte. Fast neun Jahre waren seit König Ottos Italienreise und seiner Heirat mit Adelheid vergangen. Aus dem Süden kamen jetzt zunehmend Klagen über den Lehnskönig, den Otto über die Langobarden eingesetzt hatte. Dieser hatte sogar schon Spoleto in Mittelitalien erobert und bedrohte jetzt auch Rom. Papst Johannes XII. sowie Bischöfe und Adlige in Nord- und Mittelitalien riefen daher Otto um Hilfe.

Otto der Große war bereit, die Kaiserkrone fertiggestellt. Seinen siebenjährigen Sohn, Otto den II., ließ er in Aachen zum König krönen und übergab dem Erzbischof von Mainz die Vormundschaft sowie die Regentschaft im Reich. Dann brach er im Herbst 961 mit einem Heer und seiner Gemahlin nach Italien auf. Sein Lehnskönig aber dachte nicht daran, sich im Kampf zu stellen. Er zog sich in seine Festungen zurück.

Otto der Große dachte gar nicht daran, ihn dort zu belagern. Er hatte anderes im Sinn. Der Mönch Adalbert von Trier berichtet: *„961 feierte der König Weihnachten in Pavia. Dann zog er weiter, war zu Rom günstig aufgenommen* *und unter dem Zuruf des ganzen römischen Volkes und der Geistlichkeit von Papst Johannes am Lichtmesstag 962 zum Kaiser und Augustus ernannt und eingesetzt. Der Papst hielt ihn auch mit vieler Herzlichkeit bei sich und versprach, Zeit seines Lebens wolle er nicht von ihm abfallen.*" Jetzt war Otto endlich Kaiser – Beschützer der Christenheit. Papst und Kirche waren ihm untertan. Endlich saß er auf dem Thron Karls des Großen.

Im Privilegium Ottonianum vom 13. Februar 962 bestätigte Otto, nunmehr Schutzherr der Stadt Rom, den päpstlichen Besitz, das beinhaltete auch alle von König Pippin und Kaiser Karl dem Großen gemachten Schenkungen. Ausdrücklich bekundete Otto, dass er sein Kaisertum als Erneuerung und Fortsetzung der karolingischen Tradition verstehe.

Das musste dem Papst wohl Sorge bereitet haben. Denn Kaiser Karl der Große verstand sich als der „Vertreter Gottes auf Erden" und hatte den Papst nur „Stellvertreter Christi" sein lassen. Doch das päpstliche Dogma lautete inzwischen: Kein weltlicher Herrscher durfte über dem Papst stehen.

Possenspiele um den Papst

Kaiser Otto der Große verließ Rom, um den Widerstand seines Lehnskönigs im Langobardenreich endgültig zu brechen. Doch während er nun doch dessen Festungen belagerte, schickte Papst Johannes XII. seine Sendboten in das byzantische Kaiserreich und zu den Ungarn, um sie gegen Otto den Großen zu mobilisieren. Da wurde es dem neuen Kaiser doch zu bunt.

Er kehrte zurück nach Rom, berief ein Konsilium ein, und erfuhr angeblich erst hier höchst unheilige Dinge über den

„Heiligen Vater". Achtungswerteste Bischöfe traten gegen Johannes XII. als Ankläger auf. Einer sagte, dass er gesehen habe, wie der Papst im Pferdestall zum Bischof ordiniert habe. Andere bewiesen, dass er Bischofstellen für Geld verkaufte und bezichtigten ihn eines unzüchtigen Lebenswandels: Er habe den Kardinal-Subdiakonus kastriert, mehrere Häuser in Brand gesteckt, beim Wein auf des Teufels Gesundheit getrunken und beim Würfelspiel oftmals Venus und Jupiter angerufen.

Nachdem die Synode feierlichst die Wahrheit dieser Aussagen beschworen hatte, bat sie den Kaiser, den Papst trotz aller Beweise nicht ungehört zu verdammen. Johannes wurde dazu beordert, aber statt seiner kam ein Brief, in welchem er schrieb: *„Wir hören, dass ihr einen andern Papst wählen wollt. Ist das eure Absicht, so exkommuniziere ich euch alle im Namen des allmächtigen Gottes, damit ihr außer Stand gesetzt werdet, weder einen Papst zu verdammen, noch eine Messe zu halten."*

Nun hatte sich Kaiser Otto so viele Umstände mit dem liederlichen Papst gemacht. Umsonst. Er setzte ihn einfach ab, und Volk, Adel und Geistlichkeit wählten Leo VIII. an seine Stelle. Johannes hatte sich in der Zwischenzeit mit den Schätzen der Peterskirche davongemacht.

Kaum war Kaiser Otto mit seinen deutschen Rittern wieder abgezogen, da verlangten die römischen Damen nach ihrem Liebling Johannes und vermochten es mithilfe ihrer einflussreichen Gatten so weit zu bringen, dass er wieder im Triumphzug nach Rom zurückgeholt wurde. Dem neugewählten Papst Leo VIII. gelang es zu entkommen, aber mehrere seiner Freunde fielen Johannes in die Hände. Er ließ sie schändlich verstümmeln. Unter ihnen war auch Otgar, der Bischof von Speyer, er wurde so lange gepeitscht, bis er tot war!

Der Heilige Vater Johannes XII. genoss die neue Herrlichkeit nicht lange. Er entführte eine schöne Frau, wurde von deren Mann auf frischer Tat ertappt und totgeschlagen. Ein seltsamer Tod für den Statthalter Christi auf Erden! Otto kehrte Italien den Rücken, auch wenn es auf dem Papstthron fortan weiter drunter und drüber ging.

Er war jetzt – endlich – Kaiser von Gottes Gnaden und auf der Höhe seiner Macht. Den größten Teil von Italien hatte er unter seiner Kontrolle, und sein Reichskirchensystem hatte sich als vortreffliches Instrument seiner Macht erwiesen. Er konnte Bischöfe und Äbte ernennen und wieder absetzen. Damit war auch die Kirche seinem Einfluss unterworfen. Er saß auf dem Thron Karls des Großen, auch wenn sein Reich nicht ganz so groß war.

Doch Ottos Aufenthalt in Deutschland dauerte nur ein Jahr. Die chaotischen Zustände in Rom forderten erneut seine Anwesenheit. Auf dem Stuhl Petri saß jetzt Johannes XIII.. Bereits im Jahr seiner Ernennung wurde er von den Römern davongejagt und rief jetzt nach Ottos Hilfe.
Also brach der Kaiser wieder nach Italien auf. Diesmal nahm er seinen Sohn mit auf die Reise. Papst Johannes XIII. sollte die kaiserliche Hilfe gleich ordentlich bezahlen, und seinen Sohn zum Mitkaiser salben. Damit sollte die Thronfolge unumstößlich sein.

Schon auf die Nachricht vom Herannahen des kaiserlichen Heeres hin beriefen die Römer Johannes XIII. – als sei nichts gewesen – auf den Papstthron zurück, und am

Weihnachtstag 967 krönte der Papst Ottos elfjährigen Sohn zum Kaiser Otto II..

Otto der Große beschloss, in Italien zu bleiben, um auch in diesem Teil seines Reiches Ordnung zu schaffen – und die Anerkennung seiner Kaiserwürde durch Byzanz zu erzwingen.
Unteritalien war immer noch Teil des byzantinischen Reiches. Und der Kaiser in Konstantinopel sah sich als „Beschützer der Christenheit", auch wenn er bisher nicht viel unternommen hatte, um diesem Anspruch gerecht zu werden. Aber er war der rechtmäßige Erbe des römischen Imperiums und nicht etwa der Papst oder der neue Kaiser des Germanenreiches, Otto der Große.

Es folgten nun etliche Feldzüge gegen die byzantinischen Besitzungen in Unteritalien, und dazwischen gab es immer wieder Verhandlungen. Dann war es so weit. 972 wurde der Zwist endlich beigelegt – durch eine Hochzeit. Die byzantinische Prinzessin Teophanu reichte dem deutschen Kaisersohn Otto II. ihre Hand. Dass Theophanu in Wirklichkeit keine Prinzessin sondern nur die Nichte des Kaisers in Konstantinopel war, das brauchte in der Heimat ja keiner zu wissen.

Wichtig waren das Prestige und die Tatsache, dass durch diese Heirat das deutsche Kaisertum endlich von den byzantinischen Herrschern anerkannt wurde. Das war ein gewaltiger politischer Erfolg. Das hatte nicht einmal Karl der Große geschafft.

Als Kaiser Otto der Große im August 972 nach Deutschland zurückkehrte, war er auf dem Gipfel seiner Macht. Seinen Ruhm konnte er aber nicht mehr lange genießen. Er starb bereits ein Jahr später. Von den zeitgenössischen Geschichtsschreibern wurde er als „Haupt der Welt“ gepriesen, als „von Gott erwählter mächtigster Herrscher und Beschützer des christlichen Abendlandes“.

Er hatte den Gottesstaat auf Erden nach dem Vorbild Kaiser Karls wieder erstehen lassen und die römische Kirche noch einmal unter seine Herrschaft gezwungen. Doch wie lange werden sich die Päpste in Rom das gefallen lassen, unter den Herrschern der Welt nur die 2. Geige zu spielen? Im Moment war daran nichts zu ändern. Das Reichskirchensystem Otto des Großen war ein starkes Bollwerk gegen die Allmacht des Oberhirten in Rom.

Die Angst vor den Hexen

Also begnügten sich die Nachfolger Petri einstweilen damit, dem Satan vermeintlich das Leben schwer zu machen und die Sünde aus der Welt zu schaffen. Natürlich stets auf Kosten der Geldbeutel der armen, sündigen Gläubiger. Hier nur ein kurzes Beispiel für den damals gültigen Sünden-Kanon: „Wer in der 40-tägigen Fastenzeit vor Ostern seiner Frau beiwohnt, muss ein Jahr Buße tun oder 16 Solidos an die Kirchen bezahlen oder unter die Armen verteilen. Tut er es in der Besoffenheit und zufällig, so darf er nur 40 Tage Buße tun. – Jeder muss sich vor Empfang des Abendmahls der Frau sieben Tage enthalten. Der Verehelichte, der sich von der sichtbaren Empfängnis bis zur Geburt des Kindes von der Frau nicht enthält, muss, wenn ein Sohn geboren wird, 30 Tage, wenn eine Tochter geboren wird, 40 Tage Buße tun.“

Von derlei Vorschriften gab es eine riesige Menge. Buße tun, das hieß opfern, fasten und beten. Es war wahrlich nicht leicht, nach den Regeln des christlichen Gottes zu leben! Überall lauerten die Versuchung – die Sünde – das Böse – Satan. Die ganze Welt war Teufelswerk. Fratzen Luzifers waren die alten Götter, an die man seit Menschengedenken geglaubt hatte. Uralte heilige Bräuche waren Hexenkünste – und leider gab es noch genug Volk, das daran festhielt.

Hebammen etwa waren sehr bewandert in der Kunst des Heilens, und ihr Wissen zum Beispiel über die Kräuter wurde von Generation zu Generation weitergegeben. Beim Pflücken war es üblich, die richtigen magischen Worte zu murmeln, damit das Kraut später auch seine volle Wirkung entfalten konnte. Die Kirche verbot das Sammeln der Kräuter nicht. Aber es musste jetzt unter Gebeten erfolgen. Und mit Nachdruck verurteilte sie, dass anstelle des Credo oder des Pater Noster abscheuliche Zaubersprüche angewandt wurden.

Das war damals auch die Zeit der großen Angst vor Hexen. Die zeitgenössische Beschreibung ihres sündigen Tuns sah so aus: „Eine große Menge verbrecherischer Frauen haben sich dem Teufel ergeben. Auf dem Rücken von Tieren durchqueren sie in der Luft riesige Entfernungen, um sich an dem Orte zu versammeln, wo der Hexensabbat stattfindet. Dort dienen sie in bestimmten Nächten der heidnischen Göttin Diana als ihrer Herrin.“

Und was solch böse Hexen anstellen könnten, auch das wurde eindrucksvoll beschrieben. Der Teufel und sein Gefolge lauerten auf ihre Opfer schier überall: *„Ach, dass die Hexen doch die einzigen Opfer ihres Wahns wären und nicht noch viele andere auf den Weg des Verderbens zerren würden! Eine unglaubliche Anzahl von Menschen lässt sich nämlich von ihrem Lug und Trug verführen* *und hält all das für wahr. In diesem Wahn weichen sie sogar vom rechten Glauben ab und verfallen in den heidnischen Irrtum, es gäbe irgendwelche Götter und höhere Mächte außer dem einzigen Gott. In Wirklichkeit tritt doch der Teufel immerzu in anderer Gestalt und Verkleidung auf und täuscht so ein ihm verfallenes schwaches Gemüt mit mancherlei Bildern.“*

Die Ängste der Jahrtausend-Wende

Einstweilen begnügte sich die Geistlichkeit in den meisten Fällen noch damit, die so vom Satan Verführten von der Kanzel herab auf den rechten Weg zu bringen. Aber ihre Warnungen wurden immer dringlicher. Es war höchste Zeit, Buße zu tun, denn das Jahrtausend ging schließlich zu Ende. Ein Fieber banger Hoffnungen, Furcht und Erwartungen begann, sich der Menschen zu bemächtigen.

Augustinus hatte einst gelehrt, dass mit der Geburt Christi ein 1000-jähriges Reich begonnen hätte. Jetzt gingen die 1000 Jahre zu Ende und die Wiederkunft Christi stand demnach unmittelbar bevor. Daher erfasste im Jahr 999 viele Christen Todesangst und vor allem die Angst vor dem Jüngsten Gericht. So ließen sie ihre Äcker unbestellt und spendeten große Summen der Kirche. Viele pilgerten nach Rom.

Wieder andere glaubten, nach der Offenbarung der Heiligen Schrift müsste der Wiederkunft Christi die Herrschaft des Antichristen vorausgehen, und die müsste mit dem Jahre 1000 anbrechen. Und die Zeichen waren ja eindeutig: *„Hat nicht gerade jetzt, so kurz vor der Zeitenwende, ein Mann den Papstthron bestiegen, von dem alle Welt behauptet, er stünde im Bündnis mit dunklen Mächten, begünstige* *die Wissenschaften und dergleichen Teufeleien? Dabei ist doch die Heilige Schrift die einzige Wahrheit. Alles andere muss Teufelswerk sein.“*

Diese Anspielung bezog sich auf Sylvester II., der zu dieser Zeit der amtierende Papst war. Er trieb eifrig Mathematik und hatte die arabischen Ziffern eingeführt. Das machte ihn verdächtig. *„Man erzählt sich, der Teufel selbst habe ihm die Papstwürde verheißen und versprochen ihn nicht eher zu holen, als bis er in Jerusalem eine Messe lesen würde. Dazu besteht freilich wenig Hoffnung, denn diese Stadt ist von den Sarazenen besetzt, und Sylvester II. glaubt daher, die Bedingung eingehen zu können.“*, hieß es in einem Bericht eines Zeitzeugen.

Als mit dem Anbruch des neuen Jahrtausends nichts geschah, kein Weltuntergang und keine Teufelsregiment, atmete man auf und erinnerte sich der Bibelworte: *„Den Tag und die Stunde kennt niemand, nicht einmal die Engel des Himmels.“* Doch drei Jahre später sollte Papst Sylvester doch noch sein Schicksal ereilen. Es gab nämlich in Rom eine Kapelle, welche den Namen „Jerusalem“ führte; hier las der Papst eine Messe, ohne an den Namen zu denken, und der Teufel holte ihn dann tatsächlich, sagt man jedenfalls. Denn Sylvesters Grab hat lange geschwitzt, und seine Gebeine rasselten schrecklich, wie es hieß.

Aber das Leben der Menschen begann sich nun allmählich zu verändern. Viele sahen im Beginn des neuen Jahrtausends einen Neuanfang. Ein burgundischer Mönch berichtet: *„Als das 3. Jahr nach dem Jahrtausend ins Land zog, wurden fast auf der ganzen Erde, vornehmlich aber in Italien und Gallien, die Kirchen umgebaut, nicht etwa wegen Baufälligkeit – die meisten waren sogar recht gut* *erhalten -, sondern weil jede christliche Gemeinde, von glühendem Wetteifer erfasst, eine noch prächtigere Kirche besitzen wollte als die Nachbargemeinden. Es war geradezu, als schüttle die Welt ihr Alter ab und legte allenthalben einen weißen Mantel von Kirchen an. Damals wurden fast sämtliche Kirchen der Bischofssitze, die den verschiedenen Heiligen geweihten Klosterkirchen, ja selbst die Dorfkirchlein von den Gläubigen schöner wiederaufgebaut."*

Diese rege Bautätigkeit war teuer, aber die Jahrtausendwende hatte der Kirche durch die Spenden der Gläubigen immense Reichtümer beschert, die jetzt in den Kirchenbau flossen. Es wird angenommen, dass damals in Deutschland rund die Hälfte des Grund und Bodens Eigentum der Kirche war.

Ungarn- und Normanneneinfälle gehörten scheinbar der Vergangenheit an. Die Bevölkerung war kräftig gewachsen, und die Orte rund um Burgen und Klöster wurden schnell größer und bescherten einem aufstrebenden Handwerk gute Verdienstmöglichkeiten. Verstärkt setzte jetzt auch der Handel mit Waren aller Art ein.

Es arbeiteten jetzt nicht mehr alle Menschen auf dem Feld. Die Erträge waren durch die Einführung der Dreifelderwirtschaft mit ihrem Fruchtwechsel deutlich besser geworden.
Und neuerdings konnte man schon Pflüge mit Rädern sehen, die sich viel tiefer in den Boden gruben. Die Zugtiere schafften das ohne Mühe, denn es waren auch neue Zuggeschirre erfunden worden, die die Kraft der Tiere besser nutzten: das Kummet für die Pferde und das Stirnjoch für die Rinder.

Verstärkt wurde jetzt die Kraft des Wassers genutzt. Nicht nur um Korn zu mahlen, sondern neuerdings auch zum Walken von Wollstoffen. Wasser getriebene Hammerwerke für die Eisenverarbeitung waren die allerneueste Errungenschaft.

In den Gelehrtenstuben jener Zeit, und die waren damals ausnahmslos in den Klöstern zu finden, las man jetzt neuerdings Cicero und Aristoteles. Und mancher Kirchenmann schätzte die antiken Dichter mehr als die christlichen Autoren. Südlich der Alpen soll es von diesen Leuten noch mehr gegeben haben, die aber häufig „durch Schwert und Feuer ihr Ende fanden", so hieß es.

Erste ketzerische Ansichten

Besonders in den wirtschaftlich besser entwickelten Regionen tauchten jetzt immer wieder ketzerische Ansichten auf, etwa „dass nicht die göttliche Vorsehung, sondern der Zufall die Welt regiere". In der Diözese Utrecht etwa ereignete sich folgende Ungeheuerlichkeit: Ein Priester ermahnte den Dorfältesten, doch zur Kommunion zu gehen. *„Ihm sei ein Krug voll Bier lieber als der Kelch des Herrn, gab der zur Antwort, und so blieb die Kirche leer, weil auch die übrigen Dorfbewohner der gleichen Meinung waren."* Das war Rebellion gegen Gott.

Aber nicht nur wirtschaftlicher Erfolg, sondern auch – zuviel – Bildung wurde als Glaubenshemmnis ausgemacht. Doch Warnungen, dass literarische Bildung zu eitler Ruhmsucht, und Beredsamkeit und Philosophie zu Arroganz verführe, fruchteten wenig.

Auch der Hinweis auf die Einfachheit der galiläischen Fischer, die Christus einst gefolgt waren, konnte den neuen Unglauben nicht aus der Welt schaffen.

„Die menschliche Seele ist nichts. Sie verschwindet mit dem letzten Atemzug". Solch Ungeheuerlichkeit hatte etwa Mönch Alpert von Metz gehört – von Wirtshausgängern! Wie kamen solch gotteslästerliche Behauptungen in die Welt? Entsprangen sie den Werken der neuerdings angesagten antiken Philosophen? Oder spielte hier die Enttäuschung hinein, dass zur Jahrtausendwende weder der erwartete Christus noch der Antichrist erschienen waren?

Es war eine eigenartige Situation. Auf der einen Seite wuchsen als Zeichen einer neuen Frömmigkeit überall neue romanische Kirchen aus dem Boden, auf der anderen Seite wucherte dazwischen das Unkraut des Unglaubens, der Häresie. Die Kirche hatte deutlich an Glaubwürdigkeit verloren – und die Päpste an Macht und Ansehen. Es musste also schnellstens etwas geschehen!

Der neue Papst Benedikt IX., nach den Aussagen vieler seiner Zeitgenossen ein verkommener Jüngling, hatte es sich rasch mit den Römern verdorben. Bevor er davongejagt wurde, verkaufte er sein Amt an den ehrwürdigen Gregor VI. gegen klingende Münze. Die Römer aber wählten gleichzeitig Sylvester III. zum Papst. Während sich nun Sylvester III. mit Gregor VI. darum stritt, wem denn eigentlich der päpstliche Thron gehören sollte, tauchte Benedikt IX. wieder auf, wollte den Verkauf seines Amtes wieder rückgängig machen und den Petrusthron erneut besteigen. Das waren wahrhaft unhaltbare Zustände.

Da musste der deutsche König schleunigst einschreiten. Das war nun Heinrich III.. Er kam aus dem Geschlecht der Salier, nachdem die ottonische Linie erloschen war. Heinrich III. war noch nicht zum Kaiser gesalbt wie seine Vorgänger, aber seit Otto dem Großen verstand sich jeder deutsche Herrscher selbstverständlich als „Beschützer der Christenheit“.

Im September 1046 zog Heinrich III. mit seinem Heer über die Alpen nach Süden, entschlossen, dem päpstlichen Spuk ein Ende zu bereiten. Seine erste Station: Pavia. In einer Synode ließ er den Beschluss fassen, den Handel mit kirchlichen Ämtern in Zukunft zu verbieten. Weiter ging es Richtung Süden. Kurz vor Rom berief er die nächste Synode ein. Die Rechtmäßigkeit des Pontifikats der drei Päpste wurde überprüft. Daraufhin dankte Gregor VI. freiwillig ab, und Sylvester III. wurde seines Amtes enthoben.

In Rom fand dann eine dritte Synode statt. Dort wurde dann auch Benedikt IX. abgesetzt.
Heinrich III. schlug Bischof Suidger von Bamberg als Clemens III. zum Papst seiner Wahl vor. Dem wurde auch sofort zugestimmt und zum Weihnachtsfest salbte der neue Papst Heinrich III. zum Kaiser.

Das rasche Sterben der Päpste

Doch die Päpste jener Zeit hatten ein gar kurzes Leben. Es dauerte kein Jahr und Clemens III. war tot – vergiftet, wie man vor einigen Jahren an den Gebeinen des Toten feststellen konnte.
Nun schlug Heinrich III. den Bischof Poppo von Brixen vor. Als Papst Damsus II. lebte er ganze 23 Tage. Kaum ein Bischof hatte noch große Lust, als Papstkandidat nach Rom

zu gehen. Doch nun wandten sich die Römer selbst an Kaiser Heinrich III. mit der Bitte um einen neuen Papstvorschlag.

Des Kaisers Wahl fiel auf Bischof Bruno von Toul. Der war nicht besonders begeistert von der Aussicht, Papst zu werden. Aber er war ein Vetter Kaiser Heinrichs III., und so konnte er nicht gut ablehnen. Nach einigen Monaten Bedenkzeit stimmte er zu und wurde Papst Leo IX.. Leos Amtszeit währte immerhin fünf Jahre, und er nutzte die Zeit. Vehement ging er gegen den Handel mit Kirchenämtern vor, auch Simonie genannt.

Leo IX. hielt feierlich Gottesdienste ab und konnte als glänzender Redner die Gläubigen begeistern. Auf einmal wurde der Papst für die Massen des Volkes ein unmittelbares Erlebnis und belebte überall wo er hinkam, den Glauben an seine heilige Sendung.
Zum Ratgeber erwählte sich Papst Leo XI. einen „kleinen braunen, ungewöhnlich hässlichen Mönch“ mit Namen Hildebrandt, den er alsbald zum Subdiakon beförderte.

Hildebrand wurde schnell zur grauen Eminenz im Vatikan, zur „verborgenen Seele aller päpstlichen Maßnahmen“. Als Leo XI. am 19. April 1054 starb, war es Subdiakon Hildebrand, der zum Kaiser nach Deutschland reiste und sich dessen engsten Vertrauten, den Bischof Gebhard von Eichstätt, als Kandidaten für die Papstwahl erbat. Nur widerstrebend entsprach der Kaiser dem Wunsche Hildebrands, und Bischof Gebhard von Eichstätt wurde Papst Viktor II.

Der 5. Oktober 1056 war ein Datum, das kaum in einem Geschichtsbuch große Erwähnung findet, und dennoch

geschah an diesem Tag etwas, das das Machtverhältnis zwischen Kaisertum und Papsttum völlig veränderte: Im Alter von nur 38 Jahren starb Kaiser Heinrich III.. Sein Sohn Heinrich IV. sollte die Nachfolge antreten, doch der war noch keine sechs Jahre alt. Also übernahm des Kaisers Witwe Agnes die Regentschaft für ihr Kind.
Papst Viktor II., der frühere Vertraute und Berater des verstorbenen Kaisers, eilte ihr zu Hilfe, denn sie war dem Ränkespiel um die Macht in keiner Weise gewachsen.

Doch hinter Papst Viktor II. zog bereits ein anderer die Fäden: Subdiakon Hildebrand.
Als im folgenden Jahr auch Papst Viktor II. starb, war es wieder Hildebrand, der die Papstwahl entscheidend beeinflusste. Dem Aufschwung des Papsttums zu neuen Höhen stand jetzt nichts mehr im Wege. Ziel war die unbedingte Herrschaft der geistlichen Gewalt über die weltliche, und Subdiakon Hildebrand war dafür der Stratege hinter den Kulissen.

Zuerst musste die Wahl des Papstes dem Einfluss weltlicher Herrscher entzogen werden. Dass ein Kaiser wie der verblichene Heinrich III. drei Päpste absetzen und vier Päpste inthronisieren konnte, das durfte es nicht mehr geben. Den Papst zu erwählen, das wurde von nun an Aufgabe der Kardinäle, die einen aus ihrer Mitte zum Oberhirten ernannten. Natürlich wurde Hildebrand jetzt Kardinal.

Ob die folgende Begebenheit auch dem Einfluss Hildebrands zuzurechnen war, muss offen bleiben. Hauptdrahtzieher war jedenfalls ein Erzbischof, nämlich Anno von Köln. Die Bischöfe Günther von Bamberg und Eckbert von Braunschweig waren mit von der Partie ebenso wie einige deutsche Herzöge: Auf den mittlerweile 11-jährigen

Thronfolger Heinrich IV. erfolgte quasi in aller Öffentlichkeit ein Anschlag.

Das Pfingstfest des Jahres 1062 verbrachte die Kaiserin mit ihrem Sohn auf dcr Rheininsel Kaiserwerth bei Düsseldorf. Vor den Augen seiner hilflosen Mutter wurde der junge Thronfolger auf ein bereit gehaltenes Schiff gelockt und entführt. Heinrich versuchte sich durch einen Sprung in die Fluten des Rheins zu retten, doch des Erzbischofs Männer fischten ihn wieder heraus und brachten ihn nach Köln.

Erzbischof Anno setzte anschließend auf einer Reichsversammlung den Beschluss durch, dass immer derjenige der Verwalter der Krone sein sollte, in dessen Gebiet sich der junge Herrscher gerade aufhielte. Agnes, die Mutter des Thronfolgers, gab auf. Sie ging in ein römisches Kloster. Während in Rom Kardinal Hildebrand die päpstliche Politik beherrschte, regierte Erzbischof Anno von Köln jetzt das Kaiserreich.

Dass in der Folge das Papsttum die Oberhand über das Kaisertum gewann, ist nicht verwunderlich. Im heranwachsenden Heinrich IV. muss die erzwungene kirchliche Bevormundung eine innere Rebellion ausgelöst haben. Sein Vater Heinrich III. hatte noch die Macht, Päpste einzusetzen oder nach Belieben auch absetzen zu können. Er, Heinrich IV., war ein Gefangener der Kirche, ohnmächtig sogar den Bischöfen gegenüber.

Im 15. Lebensjahr mündig erklärt, trat König Heinrich IV. im März 1065 die Regierung des Reiches an, so recht und schlecht, wie man das von einem Heranwachsenden seines Alters erwarten konnte. Ohne die Hausmacht eines eigenen Herzogtums war er dem Wohlwollen der geistlichen und weltlichen Landesfürsten völlig ausgeliefert. Und die machten ihm das Regieren ziemlich schwer, mussten sie doch um ihre eigenen Vorrechte fürchten, wenn sie den König stärkten.

Der mächtige Mönch Hildebrand

Während Heinrich noch darum kämpfte, seine Macht zu festigen, wurde im Jahr 1073 in Rom ein neuer Papst gewählt. Es wird niemanden wundern, dass es gerade jener „kleine braune, ungewöhnlich hässliche Mönch mit Namen Hildebrand“ war, der als Papst Gregor VII. den Stuhl des Oberhirten bestieg.

Die Aussichten Gregor VII., als „Weltherrscher“ in die Geschichte einzugehen, waren nicht schlecht. Das Reichskirchensystem Otto des Großen hatte überall im Reich mächtige Kirchenfürsten entstehen lassen, die von einem noch mächtigeren Kaiser eingesetzt und auch abgesetzt werden konnten. Viele Regierungsämter waren von Kirchenmännern besetzt. Die Rechtsprechung lag meist in den Händen der Bischöfe. Und es gab keine wirkliche Kaisermacht mehr, nur noch den jungen König Heinrich IV., der verzweifelt um seine Anerkennung kämpfte.

Jetzt lag die ganze Macht bei ihm, Papst Gregor VII.. Dass sein Anspruch auf die völlige Herrschaft über die gesamte Christenheit, ja über die ganze Welt außer Frage stand, das sollten wieder einmal die Urkunden und Briefe der allerersten Bischöfe Roms, die so genannten pseudo-isidorischen Dekretale, beweisen. Bekanntlich Fälschungen aus der Feder päpstlicher Schreiber des 9. Jahrhunderts.

Nach Gregors Vorstellung war der Papst der Statthalter Gottes. Gott hatte ihm die ganze Welt zu Lehen gegeben. Daraus folgte, dass alle weltlichen Herrscher ihren Besitz nur als Lehen aus den Händen des Papstes empfangen könnten. Jeder Herrscher, der dem nicht entsprechen wollte, wurde mit dem Bann bedroht. In seinen Kanzleigrundsätzen „divtatus pape“ offenbarte Gregor VII. den neuen Kurs der Kirche: *„Quod Romana ecclesia a solo Domino sit fundata. Quod solus Romanus pontifex iure dicatur universalis. Quod ille solus possit deponere episcopos vel revonciliare.“*

Zu deutsch: *„Die römische Kirche ist vom Herrn allein gegründet worden. Allein der römische Bischof wird mit Recht ‚weltumfassend' genannt. Er allein kann Bischöfe absetzen und wieder einsetzen.“* Und weiter: *„Er allein kann die kaiserlichen Herrschaftszeichen verwerfen. Alle Fürsten müssen allein des Papstes Füße küssen. Allein sein Name darf in den Kirchen genannt werden. Denn sein Name ist einzigartig auf der Welt. Nur ihm ist erlaubt, Kaiser abzusetzen. Sein Urteilsspruch darf von niemandem widerrufen werden, und er selbst kann als einziger die Urteile aller widerrufen. Er darf von niemandem gerichtet werden. Und niemand darf es wagen, denjenigen zu verurteilen, der an den apostolischen Stuhl appelliert. Die wichtigen Streitfragen jeder Kirche müssen an ihn übertragen werden. Die römische Kirche ist niemals im Irrtum, und nach dem Zeugnis der Schrift wird sie auch niemals irren.“*

Nicht genug damit. Wie aus den Dekreten des heiligen Papstes Symmachus hervorgeht, wird der römische Bischof, falls er kanonisch eingesetzt ist, durch die Verdienste des heiligen Petrus unzweifelhaft heilig. Dies hatte sich der heilige Bischofs Ennodius von Pavia ausgedacht, dem in der Folge viele heilige Väter nur allzu gern beistimmten.

Zur Ausführung seiner ehrgeizigen Pläne hielt es Gregor VII. für nötig, die Geistlichkeit von allen Banden zu trennen, durch welche sie mit der bürgerlichen Gesellschaft und mit dem Staate verbunden war. Sie sollte kein anderes Interesse als das der Kirche haben und dieser mit Leib und Seele angehören. Da Familienbande die engsten und einflussreichsten Bande von allen sind, unternahm er den Versuch, um jeden Preis die Ehe bei Geistlichen auszurotten. So entstand die Idee des Zölibates, das erst heute wieder zur Debatte steht.

Aber im Hintergrund spielten auch noch finanzielle Beweggründe eine Rolle bei dieser Entscheidung. Das zeigt ein Konzil aus dem Jahre 1278, also rund 100 Jahre später. Die Priester hatten nämlich den Kampf um ihre Frauen nicht so schnell aufgegeben.
Im Konzilsprotokoll heißt in einer der Verordnungen: *„Da die Fleischeslust den Klerikalstand vielfältig entehrt, besonders wenn es zum Kinderzeugen kommt, so verordnen wir, dass die Kleriker, besonders die in den heiligen Weihen sich befinden., sich nicht unterstehen, ihren im geistlichen Stand erzeugten Söhnen und ihren Konkubinen etwas testamentarisch zu vermachen. Solche Vermächtnisse sollen der Kirche des Testators zufallen.“*

Zölibat und Investitur

Die Gregorische Reform gilt als herausragende Leistung Gregors des VIII. und ging in die Kirchengeschichte ein. Doch sie erschöpfte sich nicht in der Forderung nach dem Zölibat der Geistlichen. Eines der Hauptziele war, die

Einsetzung von Erzbischöfen, Bischöfen und Äbten durch weltliche Machthaber zu unterbinden. Investitur wird die Zeremonie genannt, in welcher der Kaiser den künftigen Bischof zum Reichsfürsten erhob und ihn mit Landbesitz belehnte. Der Bischof war danach Vasall des Kaisers. Gleichzeitig überreichte ihm der Herrscher einen Ring zum Zeichen der Vermählung des Bischofs mit dem Reich, und den Hirtenstab, das Symbol des geistlichen Hirtenamtes.

Der Geistliche wurde nicht eher in seine Würde eingesetzt, bis diese Zeremonie stattgefunden hatte. Sie war das Band, durch welches die Bischöfe mit dem Landesfürsten zusammenhingen. Dieses Band wollte Gregor nun radikal lösen, um der weltlichen Macht alle Gewalt über die Kirche und deren Diener zu entziehen. Auf einer Synode im Jahr 1075 erließ er daher ein Dekret, welches allen Geistlichen bei Strafe des Verlustes ihrer Ämter verbot, die Investitur aus der Hand eines Laien, eines Nichtgeistlichen, zu empfangen. Laien, die dem zuwiderhandelten, wurden mit dem Bann bestraft.

Die Fürsten waren erstaunt über die neue Anmaßung des Oberhirten und scherten sich zunächst nicht um seine Befehle. Gregor wusste jedoch sehr wohl, was er wagen konnte. Er mühte sich nicht mit den kleineren Fürsten ab; er wollte ihnen seine Macht zeigen, indem er sie gegen den Angesehensten unter ihnen, gegen König Heinrich den IV. richtete.

Als Heinrich IV. des Papstes neue Dekrete nicht beachtete und fortfuhr, in Deutschland und in Italien nach herkömmlicher Weise Bischöfe zu ernennen, geschah das Unvermeidliche. Zu Neujahr 1076 erhielt der König ein drohendes Schreiben des Papstes mit der Aufforderung, nach

Rom zu kommen, um sich vor dem Oberhirten zu verantworten.

Heinrich IV. war empört über diese Unverschämtheit und berief eine Synode nach Worms ein. Hier erhob Kardinal Hugo Candidus, der unter Umgehung der anderen Kardinäle Gregor auf den Papstthron befördert hatte, schwere sittliche Vorwürfe gegen den Oberhirten. 26 deutsche Kirchenfürsten erklärten daraufhin einstimmig Gregor VIII. für abgesetzt.

Ein königlicher Brief mit der Mitteilung hiervon wurde nach Rom gesandt und dort öffentlich vorgelesen. Eine Synode lombardischer Bischöfe in Piacenza schloss sich dem Urteil von Worms an. Auch in Rom empörte sich eine Menge Gebannter gegen den Papst und überfiel ihn in der Kirche, als er gerade sein Hochamt hielt. An den Haaren schleppten sie ihn ins Gefängnis. Aber Gregor hatte nicht nur Feinde in Rom. Vor allem Mathilde, die mächtige Markgräfin von Toskana, war ihm sehr eifrig zugetan, und so kam er schnell wieder frei.

Der Oberhirte war kein Mann, der schnell klein beigab, und so ließ seine Antwort an Heinrich IV. nicht lange auf sich warten: *„Heiliger Petrus, Erster unter den Aposteln, höre mich, deinen Knecht. Kraft deiner Vollmacht, zur Ehre und zum Schutze deiner Kirche im Namen des allmächtigen Gottes untersage ich dem König Heinrich, der sich gegen deine Kirche in unerhörter Anmaßung erhoben hat, die Regierung des deutschen Reiches und Italiens, entbinde alle Christen des Eides, den sie geleistet haben oder noch leisten werden, und verbiete hierdurch, dass irgend jemand ihm als König diene.“*

Zugleich mit dem Bannspruch überschwemmte ein Heer von Mönchen ganz Deutschland und bearbeitete das Volk. Zuerst protestierten die Deutschen fast einstimmig gegen den verwegenen Papst. Doch schnell fielen des Königs Getreue von ihm ab bis auf einen, Herzog Gottfried von Lothringen. Doch den räumten Mörder aus dem Wege. Die deutschen Fürsten versammelten sich zu Tribur und erklärten hier dem König: *„dass sein Reich zu Ende sei, wenn er sich nicht innerhalb eines Jahres vom Banne befreie!"*

Als Heinrich IV. Verhandlungen mit dem Papst aufnehmen wollte, um das Unheil abzuwenden, luden die Fürsten zum Reichstag nach Augsburg. Auch der Papst war eingeladen und machte sich auf den Weg. Heinrichs Gegner waren dabei, eine Allianz zu bilden. Niemand stand mehr auf des Königs Seite.

Der Gang nach Canossa

Niedergedrückt von dem finsteren Geist seiner Zeit, von aller Welt verlassen – nur wenige Soldaten waren noch bei ihm - entschloss sich der deutsche König, im Büßerhemd nach Rom zu wallfahrten und den so mächtig gewordenen Gegner zu versöhnen. In bitterer Kälte – es gab einen strengen Winter in jenem Jahr – eilte er mit Frau und Sohn durch Burgund und über den Mont Cenis nach Oberitalien.

Die Italiener strömten ihm zu und verlangten, er sollte an der Spitze eines Heeres den rebellischen Großpfaffen zur Rede stellen. Aber der Mut des Herrschers war gebrochen. Er wollte demütig von Gregor Gnade erflehen. Dieser ließ sich nichts weniger träumen als das. Er war auf seiner Reise nach Augsburg bereits in die Lombardei gekommen. Als er die Ankunft des Kaisers vernahm, floh er eiligst nach dem festen Schlosse Canossa, welches seiner Buhlerin, der reichen Markgräfin Mathilde von Toskana, gehörte.

Hier erschien am 25. Januar 1077 der deutsche König. In einem leinenen Büßerhemde, bloßen Hauptes und barfuss, so stand er in dem Raum vor der inneren Ringmauer des Schlosses – drei Tage und drei Nächte lang, mitten im Schnee, zitternd vor Frost und matt vor Hunger und Durst!

Aus den Fenstern des Schlosses schaute Gregor an der Seite seiner Buhlerin auf seinen gedemütigten Feind herab und hätte ihn gern so sterben sehen. Des Papstes unmenschliche Härte brachte alle Hausgenossen zum Murren, und endlich gab er den Bitten der Markgräfin nach, die zwar Heinrichs Feindin, aber barmherziger war, und führte den Kaiser an den Altar. Hier durchbrach Gregor eine Hostie. *„Bin ich der Verbrechen schuldig, deren du mich in Worms bezichtigt hast, so mag Gott der Herr mich durch einen plötzlichen Tod strafen!“*
Sprach der Papst und nahm die Hälfte der Hostie. Gregor war nicht abergläubisch und nicht nervenschwach. Er blieb am Leben.

Der Bann wurde nun von Heinrich genommen, aber die Bedingung war hart: *„Wirst du dich auf dem zusammenzurufenden Reichstage rechtfertigen und die Krone wieder erhalten, so sollst du mir gehorsam und untertänig sein.“* Heinrich IV. kehrte nach Deutschland zurück. Doch die deutschen Fürsten waren mit ihrem König nun doch nicht mehr zufrieden und wählten sich einen anderen, Rudolf von Schwaben. In der Folge brach ein Bürgerkrieg aus.

Gregor VII. verhielt sich ruhig, solange nichts Entscheidendes geschah. Als aber Heinrich in einer Schlacht geschlagen wurde, sandte er dem Gegenkönig eine Krone zu mit der stolzen Inschrift: *„Der Fels gab Petrus, Petrus gab Rudolph die Krone.“* Über Heinrich verhängte er aufs Neue den Kirchenbann.

Doch diesmal verfehlte der Bannfluch seine Wirkung. Der politische Zweck war zu vordergründig, und so konnte Heinrich genug Getreue um sich scharen. Vor allem die Bürger der schnell wachsenden Städte waren auf des Königs Seite, da sie von der Tyrannei ihre Bischöfe genug hatten. Auf drei Synoden ließ Heinrich Gregor VII. absetzen und den Erzbischof von Ravenna zum Oberhirten wählen. Als Clemens III. bestieg der den päpstlichen Stuhl.

Das Wormser Konkordat

Drohend prophezeite der abgesetzte Gregor, *„dass noch in selben Jahren vor dem Petersfeste ein falscher König sterben würde!“* Damit seine Prophezeiung an Heinrich auch sicher in Erfüllung gehe, sandte er einige Meuchelmörder aus. Aber Gregors Absicht misslang. Dem Mörder wurde im Kampf die rechte Hand abgeschlagen, die Hand, mit der er Heinrich IV. die Treue geschworen hatte. Er starb noch am Tatort an dieser Verletzung.

Das galt als Zeichen des Himmels, als Erfüllung der Gregorschen Prophezeiung, nur nicht ganz im Sinne des Propheten. Nun rückte Heinrich gegen Rom, vernichtete das Heer der päpstlichen Gespielin Mathilde, eroberte die Stadt und belagerte den vor Wut rasenden Gregor VII. in der Engelsburg.

Die von diesem zu Hilfe gerufenen Normannen, die damals in Unteritalien herrschten, rückten mit 30.000 Männer an. Aber anstatt Gregor zu befreien, eroberten sie die Stadt und legten Rom in Schutt und Asche. Jetzt musste Gregor vor der Wut der Römer fliehen. Er ging nach Salerno zu den Normannen, wo er kurz darauf starb. Erst Sohn eines Schmieds, dann der eifernde Mönch Hildebrand – spätere Schreiber gaben ihm den Namen „Höllenbrand" – endlich dann Papst Gregor VII.. Das Reich Gottes auf Erden wollte er erzwingen – und starb zuletzt wie ein gestürzter Tyrann.

Für Heinrich IV. musste Gregors Tod eine große Erleichterung gewesen sein. Das Reichskirchensystem Otto des Großen war noch einmal gerettet, und mit Clemens III. saß jetzt wieder ein Papst auf dem Petrusstuhl, der nicht dagegen ankämpfte. Heinrich IV. hatte ihn zum Papst erhoben, und im Gegenzug salbte Clemens III. Heinrich den IV. zum Kaiser. So einfach war die Welt plötzlich wieder.

Doch der Waffenstillstand zwischen Kaisertum und Papsttum währte nicht lange. Bereits im Jahre 1122 hat die römische Kirche den Sieg in der Auseinandersetzung um die Investitur davongetragen – im Wormser Konkordat gegen den Sohn Heinrich des IV.. Und so liest sich das in der betreffenden Urkunde Heinrichs V.: *„Im Namen der heiligen und unteilbaren Dreieinigkeit. Ich, Heinrich, von Gottes Gnaden erlauchter Kaiser der Römer, überlasse aus Liebe zu Gott und zur Heiligen Römischen Kirche und zu dem Herrn Papste Calixtus und um meines Seelenheils willen Gott und seinen heiligen Aposteln Petrus und Paulus und der Heiligen Katholischen Kirche jede Investitur mit Ring und Stab und gestatte, dass in allen Kirchen meines Königreiches und Kaiserreiches die*

Wahl auf kanonische Weise stattfinde und die Weihe frei sei.

Die Besitzungen und Realien des Heiligen Petrus, die vom Beginn dieses Streites bis auf den heutigen Tag, sei es zu meines Vaters oder auch zu meiner Zeit, genommen wurden, stelle ich, soweit ich sie habe, derselben Heiligen Römischen Kirche wieder zu. Die ich aber nicht besitze, werde ich getreulich zurückerstatten lassen. Auch gebe ich wahren Frieden dem Herrn Papst Calixtus und der Heiligen Römischen Kirchen und allen, die auf seiner Seite stehen oder gestanden haben. Und worin die Heilige Römische Kirche Hilfe verlangen wird, werde ich getreulich helfen und, worüber sie Klage vor mich bringt, ihr Recht verschaffen, wie es sich gebührt.“

Und so endet der Streit um das Recht, Bischöfe einsetzen zu dürfen, mit der Niederlage des Kaisers im Wormser Konkordat. Das Streben des Papsttums nach absoluter Macht war durch das Vorbild Gregors des VII. zum Wahn der römischen Kirche geworden. Im Jahre 1095 berief Papst Urban II. eine Synode nach Clermont-Ferrand, „um das Überhandnehmen von Unglauben und Sittenlosigkeit zu bekämpfen und der sinkenden Kirche wieder auszuhelfen, um Zucht und Sitten wieder aufzubauen und den Frieden der aus der Welt entschwunden ist, wiederherzustellen.“

Aufruf zum Kreuzzug

Der Papst sprach unter freiem Himmel, da kein Gebäude die 14 Erzbischöfe, 225 Bischöfe, 400 Äbte und die Unmasse der niederen Geistlichen und der Laien, die anwesend waren, aufzunehmen vermochte. Und so lautete der berühmte

Aufruf von Papst Urban II. Zum Kreuzzug gegen die Ungläubigen im Morgenland im Wortlaut. „*Das gottlose Volk der Sarazenen drückt die heiligen Orte, die von den Füßen des Herrn betreten worden sind, schon seit langer Zeit mit seiner Tyrannei und hält die Gläubigen in Knechtschaft und Unterwerfung. Die Hunde sind ins Heiligtum gekommen, und das Allerheiligste ist entweiht. Das Volk, das den wahren Gott verehrt, ist erniedrigt; das auserwählte Volk muss unwürdige Bedrückung leiden.*

Das königliche Priestertum muss als Sklave Ziegel brennen; die Fürstin der Länder, die Stadt Gottes, muss Tribut zahlen. Will einen nicht die Seele darüber zergehen, will einem nicht darüber das Herz zerfließen? Liebe Brüder, wer kann das mit trockenen Augen anhören? Der Tempel des Herrn, aus dem er in seinem Eifer die Käufer und Verkäufer hinausgetrieben hat, damit das Haus seines Vaters nicht eine Mördergrube werde, ist nun Sitz des Teufels geworden.

Die Stadt des Königs aller Könige, die den andern die Gesetze des unverfälschten Glaubens gegeben hat, muss heidnischem Aberglauben dienstbar sein. Die Kirche zur heiligen Auferstehung, die Ruhestätte des Herrn, steht unter der Herrschaft derer, die an der Auferstehung keinen Teil haben, sondern als Stoppeln zur Erhaltung des ewigen höllischen Feuers werden dienen müssen. Die ehrwürdigen Orte sind in Schafkrippen und Viehställe verwandelt.

Dem preiswürdigen Volke werden die Söhne entrissen und gezwungen, heidnischer Unreinheit dienstbar zu werden und den Namen des lebendigen Gottes zu verleugnen oder mit lasterhaftem Munde zu schmähen, und wenn sie sich den gottlosen Befehlen widersetzen, so werden sie wie das Vieh hingeschlachtet, Genossen der heiligen Märtyrer. Den Tempelhändlern gilt jeder Ort,

jede Person gleichviel; sie morden die Priester im Heiligtum. Wehe uns, die wir in den Jammer der gefahrvollen Zeit versunken sind, von der der fromme König David, sie im Geiste voraussehend, klagend gesprochen hat: ‚Gott sei, es sind Heiden in dein Erbe gefallen; die haben deinen heiligen Tempel verunreinigt. Herr, wie lange wirst Du zürnen?'
Bewaffnet euch mit dem Eifer Gottes, liebe Brüder, gürtet eure Schwerter an eure Seiten, rüstet euch und seid Söhne des Gewaltigen! Besser ist es, im Kampfe zu sterben, als unser Volk und die Heiligen leiden zu sehen. Wer einen Eifer hat für das Gesetz Gottes, der schließe sich uns an. Wir wollen unsern Brüdern helfen. Ziehet aus, und der Herr wird mit euch sein. Wendet die Waffen, mit denen ihr in sträflicher Weise Bruderblut vergießt, gegen die Feinde des christliche Namens und Glaubens.
Die Diebe, Räuber, Brandstifter und Mörder werden das Reich Gottes nicht besitzen; erkauft euch mit wohlgefälligem Gehorsam die Gnade Gottes, dass er euch eure Sünden, mit denen ihr seinen Zorn erweckt habt, um solch frommer Werke und der vereinigen Fürbitten der Heiligen willen schnell vergebe. Wir aber erlassen durch die Barmherzigkeit Gottes und gestützt auf die heiligen Apostel Petrus und Paulus allen gläubigen Christen, die gegen die Heiden die Waffen nehmen und sich der Last diese Pilgerzuges unterziehen, alle die Strafen, welche die Kirche für ihre Sünden über sie verhängt hat.
Und wenn einer dort in wahre Buße fällt, so darf er fest glauben, dass ihm Vergebung seiner Sünden und die Frucht ewigen Leben zuteil werden wird. Unterdessen aber betrachten wir diejenige, welche im Glaubenseifer jenen Kampf auf sich nehmen wollen, als Kinder des wahren Gehorsams und stellen sie unter den Schutz der Kirche und der heiligen Apostel Petrus und Paulus; sie

sollen vor jeder Beunruhigung ihres Eigentums oder ihrer Personen gesichert sein.“

Es zeigte sich, dass Papst Urban II. Idee anscheinend wirklich von Gott gesegnet war; denn Alt und Jung folgten mit der größten Freude dieser Mission, so schwierig sie auch sein sollte. Und nicht nur die persönlich Anwesenden hatten sich an dem Feuer der Worte des heiligen Vaters begeistert; die Predigt ging in alle Welt hinaus und riss auch die mit, die sie nicht aus seinem Munde gehört hatten.

Da trennten sich der Mann von dem Weibe und das Weib von dem Manne, der Vater vom Sohne, der Sohn vom Vater; es war kein Band der Liebe, das diesem Eifer hätte Nachteil bringen können. Viele Mönche kamen aus ihrem Kloster, und viele, die sich freiwillig um des Herrn willen eingeschlossen hatten, kamen aus ihrer Klausur.

Doch nicht alle hatte die Liebe zu Gott dazu gebracht, sich dem Kreuzzug anzuschließen, und nicht alle trieb ein weiser Ratschluss dazu. Viele Menschen schlossen sich nur deswegen an, um einen Freund nicht im Stich zu lassen, oder um nicht für träge zu gelten, oder auch aus Leichtsinn, oder aber auch um vor Gläubigern, bei denen sie schwer verschuldet waren, fliehen zu können.

Ganz verschieden waren also die Beweggründe, um mitzumachen. Alles eilte herbei. Niemand dachte an Alter oder Geschlecht, Rang oder Stand; niemand hielt sich an Abreden, alle ohne Unterschied gaben ihr Wort und gelobten mutig mit Herz und Mund den Pilgerzug.
Wo ein Fürst die Reise ausgelobt hatte, strömte das Volk haufenweise zusammen, um sich seinem Gefolge anzuschließen.

Das Pilgerheer vor Jerusalem

Alle trugen dieselben Insignien. Nachdem der Papst es ihnen so empfohlen hatte, trugen alle, die den Zug mitmachten, zum Zeichen ihres gemeinsamen Zieles auf ihren Kleidern das segenreiche Zeichen des Kreuzes. Es war als Erinnerung an das Leiden Christi gedacht, dessen Wirkungsstätte sie besuchen wollten. Aber auch sie selbst sollten viel Leid auf der langen Strecke nach Jerusalem erfahren. – Erst am 7. Juni 1099 gelangten die Kreuzfahrer nach einem qualvollen Zug endlich vor Jerusalem an. Drei Jahre hatten sie für den Weg gebraucht. *„Und wir, vor Freude frohlockend, kamen bis zur Stadt Jerusalem am Dienstag, acht Tage vor den Iden des Juni, und wir belagerten sie bewunderungswürdig."*

Das Pilgerheer litt jedoch schrecklich unter Durst. Die Umgebung von Jerusalem ist dürr und wasserarm, und man findet nur in ziemlich großer Entfernung ein paar Bäche, Quellen oder Brunnen. Die Quellen aber waren kurz vor der Ankunft unserer Truppen von den Einwohnern zugeschüttet worden, damit bei der Belagerung der Festung schnell das Wasser zur Neige ging. Sie hatten Erde hineingeworfen oder sie durch verschiedene andere Mittel verstopft; sie hatten auch die Zisternen und sie anderen Behälter von Regenwasser geleert, damit die Durst gequälten armen Unglücklichen kein Wasser finden sollten.

Ein Bericht aus der Zeit schildert das ganze Elend der Situation: *„Während dieser Belagerung erlitten wir die Qual des Durstes in solchem Maße, dass wir Rinder- und Büffelhäute zusammen nähten, in denen wir Wasser sechs Meilen weit herbeiholten. Das Wasser, das uns derartige Behälter lieferten, war stinkend, und ebenso wie dieses* *faulige Wasser war das Gerstenbrot für uns ein täglicher Anlass zu Unbehagen und Betrübnis. Die Sarazenen stellten den Unsrigen heimlich Fallen, indem sie die Brunnen und Quellen verpesteten; sie töteten alle, die sie fanden, und versteckten deren Tiere in Höhlen und Grotten.*

Unsere edlen Herren sannen nun auf Mittel, die Stadt mit Hilfe von Maschinen anzugreifen, um in sie eindringen und das Grab unseres Erlösers verehren zu können. Man baute zwei hölzerne Burgen und nicht wenig andere Maschinen, Katapulte für Steine, Rammböcke und Speerwurfmaschinen. Der Herzog Gottfried stellte einen mit Maschinen bewehrten Turm her und der Graf Raimund tat desgleichen. Aus fernen Gegenden ließen sie Holz herbeischaffen. Als die Sarazenen die Unsrigen diese Maschinen bauen sahen, befestigten sie die Stadt noch weiter und verstärkten die Wehren der Türme!

Am Mittwoch und Donnerstag griffen wir die Stadt von allen Seiten stark an. Aber bevor wir sie im Sturm nahmen, ließen die Bischöfe und Priester durch ihre Predigten und Ermahnungen den Beschluss fassen, dass man zu Ehren Gottes einen Bittgang um die Wälle von Jerusalem machen wolle und dass er begleitet würde von Gebeten, Almosen und Fasten.

Am Freitag ganz früh unternahmen wir einen allgemeinen Sturm auf die Stadt, ohne ihr schaden zu können; wir waren bestürzt und in großer Furcht. Als dann die Stunde kam, in der unser Herr Jesus Christus es zuließ, dass er für uns den Kreuzestod erlitt, schlugen sich hitzig unsere auf dem Turm ausgestellten Ritter, unter anderen Herzog Gottfried und Graf Eustachius, sein Bruder. In diesem Augeblick erkletterte einer unserer Ritter mit Namen Lietaud die Stadtmauer. Bald nachdem er hinaufgestiegen war, flohen alle Verteidiger von den

Mauern durch die Stadt, und die Unsrigen folgten ihnen und trieben sie vor sich her, sie tötend und nieder säbelnd, bis zum Tempel Salomons, wo es ein solches Blutbad gab, dass die Unsrigen bis zu den Knöcheln im Blut wateten. Der ganze Tempel war von ihrem Blut überrieselt. Nachdem die Unsrigen die Heiden zu Boden geschlagen hatten, ergriffen sie im Tempel eine große Zahl Männer und Frauen und töteten sie oder ließen leben, wie es ihnen gut schien. Bald durcheilten die Kreuzfahrer die ganze Stadt und rafften Gold, Silber, Pferde und Maulesel an sich; sie plünderten die Häuser, die mit Reichtümern überfüllt waren.
Dann, glücklich und vor Freude weinend, gingen die Unsrigen hin, um das Grab unseres Erlösers zu verehren, und entledigten sich ihm gegenüber ihrer Dankesschuld. Am folgenden Tag erkletterten die Unsrigen das Dach des Tempels, griffen die Sarazenen, Männer und Frauen, an, zogen das Schwert und schlugen ihnen die Köpfe ab. Einige stürzten sich von der Höhe des Tempels hinab. Bei diesem Anblick wurde Tankred von Entrüstung erfüllt.
Die Unsrigen beschlossen im Rat, jeder solle Almosen spenden und beten, damit Gott denjenigen wähle, von dem er wünschte, dass er über die anderen herrsche und die Stadt verwalte. Man befahl auch, alle toten Sarazenen aus der Stadt zu werfen, wegen des unsäglichen Gestanks, denn die ganze Stadt war völlig mit ihren Leichnamen angefüllt. Die lebenden Sarazenen schleppten die Toten aus der Stadt und machten daraus Häuser hohe Haufen. Niemand hat jemals von einem ähnlichen Blutbad unter dem heidnischen Volk gehört oder gesehen. Scheiterhaufen gab es wie Ecksteine, und niemand außer Gott kennt ihre Zahl. Man konnte nicht ohne Entsetzen diese Menge von Toten sehen, und der Anblick der Sieger,

die von Kopf bis Fuß mit Blut bedeckt waren, war nicht minder entsetzlich."

Auf diese Weise wurde am Freitag, den 15. Juli 1099, die Heilige Stadt der christlichen Welt erstürmt. So berichteten es jedenfalls die Augenzeugen.

Lukrativer Handel mit Reliquien

Es gab eigentlich keinen rationalen Grund für diesen 1. Kreuzzug der Christenheit im Jahr 1099, für dieses Massaker an den Mohammedanern, außer dem Wahn eines allumfassenden Gottesstaates auf Erden unter der Führung des Papstes. Rund 70.000 Männer, Frauen und Kinder wurden damals in Jerusalem von den christlichen Horden niedergemetzelt.

Für die römische Kirche war der Kreuzzug ein voller Erfolg. Der Papst hatte sich als Herrscher der ganzen Christenheit erwiesen, als Statthalter Gottes auf Erden. Sein Schwert hatte die Sarazenen bezwungen und Palästina dem Reich Gottes auf Erden einverleibt. Vielleicht konnte man ja die christliche Herrschaft über den gesamten Orient ausdehnen.

Sobald das Heilige Grab aufgefunden war, strömten die frommen Christen dorthin. Wallfahrten ins Heilige Land kamen in Mode. All die Orte, die durch die Bibel eine besondere Bedeutung erlangt hatten, wurden zum Ziel der Pilger. Man wallfahrtete sogar zu dem Misthaufen, auf welchem Hiob einst gesessen haben soll! Und als gar mit der Wallfahrt auch der Ablass aller Sünden verbunden wurde, überspülte eine wahre Pilgerflut das heilige Land.

Der Ablass war ein Kind des Fegefeuers und der Ohrenbeichte. In der ersten Zeit der christlichen Kirche mussten diejenigen, die wegen grober Vergehen aus der Gemeinde ausgestoßen waren und wieder aufgenommen werden wollten, alle ihre Sünden und Verbrechen öffentlich vor den versammelten Gläubigen bekennen. Als die Priester mächtig wurden, verwandelten sie dieses öffentliche Bekenntnis gar bald in ein geheimes, um ihre Macht zu erhöhen: Das Sakrament der Beichte war geboren. Nach Anordnung des Papstes sollte ein jeder jährlich wenigstens ein Mal einem Priester seine Sünden insgeheim bekennen und die ihm auferlegte Buße tragen. Wer die Beichte unterließ, wurde von der Kirche ausgeschlossen und erhielt kein christliches Begräbnis.

Durch diese Einrichtung erlangten die Priester große Macht über die Gläubigen, denn sie erfuhren von ihnen die geheimsten Dinge. Es lag jetzt ganz in der Hand der Geistlichen, den Beichtenden von seiner Schuld zu erlösen. Diese Macht wussten die Priester profitabel zu nutzen, indem sie den Sünder je eher freisprachen, desto mehr er zahlte.

Man konnte so vor allem die Zeit, die man nach dem Tode für seine Sünden im Fegefeuer verbringen musste, durch den Kauf eines Ablasses verkürzen. Wer also zu diesem oder jenem Gnadenort wallfahrtet und eine bestimmte Summe Geld auf dem Altar opferte, der erhielt Ablass nicht nur für schon begangene Sünden, sondern oft sogar für einige Jahre im Voraus!
Das war natürlich äußerst verlockend, denn die gläubigen Pilger wurden auf diese Weise nicht nur ihre Sünden los, sondern sie verstanden es auch oft, die Wallfahrt mit einem kleinen einträglichen Nebengeschäft zu verbinden: den Handel mit Reliquien.

Reliquien erfreuten sich damals größter Beliebtheit. Eine Reliquie aus dem heiligen Land, das war nicht mit Gold und Edelsteinen aufzuwiegen. Ein kleines Hindernis gab es dabei allerdings: Die Reliquie musste durch den Papst in Rom geprüft werden und wurde nur für echt befunden, wenn der Besitzer die Echtheit durch klingende Münze zu beweisen wusste.

Eine gute Reliquie war ein Schatz für jedes Kloster. Eigentlich musste jeder christliche Altar, der auf sich hielt, seine Reliquie haben. Je heiliger diese war, desto größer war der Nutzen, den man daraus ziehen konnte; denn die Reliquien gab es nicht umsonst zu sehen, man musste dafür Eintritt zahlen.

So brachte man aus dem heiligen Lande Heiligtümer aller Art mit: Die gesamte Garderobe Jesu, der Jungfrau Maria, des heiligen Joseph und vieler anderer Heiligen kam zum Vorschein. Man fand die heilige Lanze, mit welcher der römische Ritter Longinus Jesus in die Seite gestochen hatte; das Schweißtuch, mit welchem die heilige Veronika Jesus den Schweiß abgetrocknet hatte, als er nach Golgatha ging. Sogar ein Abdruck seines Gesichts war auf dem Tuch zu sehen. Von diesem Tuch gab es so viele Stücke, das sie zusammen wohl 30 Meter lang sein mochten.

Sogar die Weinkrüge von der Hochzeit von Kanaa entdeckte man, und in ihnen war noch Wein enthalten, der nie weniger wurde. Ursprünglich waren es nur sechs Krüge, aber auch sie vermehrten sich, und man zeigte sie unter anderem zu Köln und zu Magdeburg. Splitter vom Kreuz gab es so viele, dass man aus dem dazu verwendeten Holz hätte ein Kriegsschiff bauen können, und Nägel vom Kreuz wogen viele Zentner.

Dornen aus der Dornenkorne fanden sich; einige bluteten an jedem Karfreitag.

Der Kelch, aus dem Jesu getrunken hatte, als er das Abendmahl einsetzte, fand sich auch, nebst Brot, welches von dieser Mahlzeit übrig geblieben war. Ferner die Würfel, mit welchen die Soldaten um Jesu Rock gespielt hatten. Den Rock selbst gab es natürlich auch, und zwar en masse. Sie wurden unter anderem zu Trier, in Argenteuil, St. Jago, Rom und im Friaul usw. ausgestellt. In Trier wurde noch im Jahre 1845 ein altes Kleidungsstück ausgestellt, das den Anspruch erhob, ein Rock Jesu zu sein. Die ganze gebildete Welt empörte sich, und es gab eine Menge Untersuchungen über diese unzähligen heiligen Röcke. Aber sie besaßen alle eine teuer bezahlte päpstliche Bulle, die ihre Echtheit bezeugte.

Die Religion der Reliquien

Man fand Hemden der Maria, die so groß waren, dass sie einem dicken Mann als Umfang hätten dienen können; einen sehr kostbaren Trauring der Maria, der zu Perusa gezeigt wurde; sehr niedliche Pantöffelchen und ein Paar ungeheuer großer roter Schaluppen, die sie angeblich trug, als sie der heiligen Elisabeth ihren Besuch machte. Ja, man fand Haare der heiligen Jungfrau von allen möglichen Farben nebst seinem Zimmermanns-Handwerkszeug. Einer der 30 Silberlinge fand sich, und der ungeheuer dicke, vier Meter lange Strick, an welchem sich der Verräter Judas erhängt hatte; sein sehr kleiner, leerer Geldbeutel tauchte ebenfalls auf nebst der Laterne, mit welcher er geleuchtet hatte, als er Jesus verriet.

Sogar die Stange kam zum Vorschein, auf welcher der Hahn saß, als er Petri Gewissen wach krähte, nebst einigen Federn dieses Vogels; ferner der Stein, mit welchem der Teufel Jesu in der Wüste versuchte; das Waschbecken, in welchem sich Pilatus die Hände wusch; die Knochen des Esels, der Jesus am Palmsonntag getragen, wie auch einige der an diesem Tage bebrauchten Palmzweige. Ferner fand man die Steine, mit denen St. Stephanus gesteinigt wurde – herrliche Achate – und eine Unmasse von Knochen der zu Bethlehem umgebrachten Kinder.

Sogar aus dem alten Testament fanden sich Reliquien! Manche hatten demnach wohlbehalten Jahrtausende auf die fromme Entdeckung gewartet. Man fand den Stab, mit welchem Moses das Rote Meer teilte, es wurde Manna aus der Wüste angeboten oder Noahs Bart oder ein Stückchen von dem Felsen, aus welchem Moses Wasser schlug.

Nein, diese Aufzählung ist kein Scherz! Es schien damals völlig natürlich, dass sich die wundertätige Kraft, die von einem Heiligen ausging, auch auf alle Gegenstände übertrug, mit denen er je in Berührung gekommen war. Das ganze Mittelalter ist geprägt von dem tiefen Glauben an diese Kräfte und man könnte fast sagen, dass der Reliquienkult die eigentliche Religion des Mittelalters war. Der Glaube des Volkes daran war so stark, dass die Geistlichkeit es problemlos wagen konnte, Dinge als Reliquien zu zeigen, die unsinnig oder unmöglich waren.

Noch im 15. Jahrhundert berichtete der päpstliche Geheimschreiber Poggio Braciolini die Geschichte von den heiligen Hosen: „*Ein Mönch hatte sich in eine hübsche Frau verliebt und versuchte auf alle Weise, sie zu verführen. Es gelang ihm auch. Sie stellte sich sehr krank und verlangte nun den Mönch als Beichtvater. Dieser kam, blieb mit ihr der Sitte gemäß allein, um ihr die*

Beichte abzunehmen, und wurde erhört. Am andern Tag kam er wieder und legte, um es sich bequemer zu machen, seine Hosen auf das Bett der Frau. Dem Manne schien die Beichte etwas lange zu dauern; er wurde neugierig und trat unvermutet in das Zimmer.
Der Mönch absolvierte so schnell als möglich und floh, aber er vergaß, seine Hosen mitzunehmen. Diese fielen nun dem nach Rache sinnenden Ehemann in die Hände. Er stürzte damit auf die Gasse und zeigte diese verräterischen Beinkleider seinen Nachbarn, entflammte sie zur Wut und brach mit ihnen ins Kloster ein. Der Mönch sollte sterben! Ein alter besonnener Pater sagte ihm: Er brauche wegen dieser Hosen nichts Übles zu denken, denn dieses wären die Beinkleider des heiligen Franziskus, welche Krankheiten wie die, woran seine Frau litte, gründlich heilten. Zu seiner Beruhigung wolle er die Hosen feierlich abholen. Alsbald zogen Mönche mit Kreuz und Fahne zum Hause des ehrlichen Dummkopfes, holten die Hose und legten sie hier zu den übrigen heiligen Reliquien."

Die Erzählung ist kein Scherz. Sie findet sich in einem ganz ernsten Werk, in dem Poggio Braciolini mit großer Entrüstung von der Verderbtheit der Geistlichen berichtet.

Der Einfluss der arabischen Kultur

Doch die Kreuzzüge hatten nicht nur großen Einfluss auf den Reliquienhandel. Ihre Wirkung auf das gesamte Abendland kann kaum überschätzt werden. Sieben Mal überfielen die christlichen Heere das heilige Land, bis endlich am 18. Mai 1291 die letzte Bastion der Christenheit, Akka, wieder aufgegeben werden musste.

In dieser Zeit kam der Orienthandel so richtig in Schwung und die Handelsstädte wuchsen, wurden reich und mächtig. Die Stadt Pisa hatte unter dem Oberbefehl ihres Erzbischofs mit 120 Schiffen an der Belagerung Jerusalems teilgenommen. Eine Kolonie in Jaffa sprang dabei heraus. Genua war ebenfalls am 1. Kreuzzug beteiligt. Niederlassungen in Antiochien erhielten die Genueser dafür. Das versprach gute Geschäfte.

Venedig drohte leer auszugehen. Es hatte den 1. Kreuzzug nicht mitgemacht. Aber jetzt, ein Jahr nach der Eroberung Jerusalems, ging die venezianische Handelsflotte gleich mit 200 Schiffen in Jaffa vor Anker. Die Händler witterten die „unermesslichen Reichtümer des Orients". Und damit begann die Blütezeit der großen Handelsstädte.

Eine andere Auswirkung der Kreuzzüge konnten weder Päpste noch Kaiser erahnen, und doch sollte sie im Laufe der nächsten Jahrhunderte das mittelalterliche Weltbild sprengen. Das war der direkte Kontakt mit der hoch stehenden arabischen Kultur. Auch wenn in früheren Zeiten schon Berührungspunkte vorhanden waren, vor allem durch die arabischen Besitzungen in Spanien und Süditalien, von jetzt an brach sich neues Wissen Bahn, vor allem im Bereich der Wissenschaften, der Medizin und Mathematik.

Auch wenn die römische Kirche mit dem Schwert der Inquisition, mit Folter und dem Feuer der Scheiterhaufen dagegen ankämpfen wird, diesen Kampf konnte sie nicht gewinnen. Nach dem ersten barbarischen Kreuzzug im Juli 1099 gaben sich die „christlichen" Heerscharen im heiligen Land einer überaus verwerflichen Lebensweise hin. Einer der Kreuzfahrer war Hugo de Payens, ein Edelmann aus der Champagne. Der damals gerade 19-Jährige kehrte entsetzt nach Frankreich zurück.

Mit seinem Onkel Hugo de Champagne reiste er 1104 erneut nach Jerusalem. Fünf Jahre lang suchten die beiden dort nach uralten Schriften. Wieder in Frankreich, übergaben sie die gefundenen Dokumente zur Auswertung und Deutung dem Zisterzienserorden. Es war offensichtlich bedeutungsvoll, was sie da gefunden hatte, denn im Jahre 1114 bereisten sie erneut das heilige Land, um weitere geheimnisvolle Schriften mit nach Hause zu bringen.

Die Zisterziensermönche waren wohl sehr hilfreich mit ihrer Übersetzungs- und Deutscharbeit, denn Hugo de Champagne schenkte dem Orden ein großes Stück Land und gab die Gründung der Abtei von Clairvaux in Auftrag. Ein junger, eifriger Mönch sollte sie leiten, Bernhard de Fontaine. Er wird sich einen Namen machen als Bernard von Clairvaux oder heiliger Bernhard – und er wird „die Seele des 2. Kreuzzuges ins heilige Land“ werden.

Der sagenumwobene Templer-Orden

Vier Jahre später gründete Hugo de Payens, jener Kreuzfahrer der ersten Stunde, zusammen mit sieben weiteren Männern, darunter zwei Mönchen der Zisterzienser, den Orden der Tempelritter. Bernhard von Clairvaux hatte an der Abfassung ihrer Ordensregel mitgewirkt. Und pries alsbald die Ziele des Ordens. Frei vom Streben nach Reichtum und in völliger Hingabe an Gott sahen die Templer ihre Aufgabe darin, die Pilger vor Angriffen der Sarazenen und vor Wegelagererern zu schützen. Seltsam war jedoch, dass sie bei ihrer Gründung gelobten, neun Jahre lang keine neuen Mitglieder aufzunehmen.

Sie bezogen in Jerusalems Quartier, im Palast König Balduins, der auf den Ruinen des Tempels Salomons stand. Doch sie beteiligten sich zu dieser Zeit an keinen Kämpfen. Stattdessen unternahmen sie archäologische Grabungen in der Umgebung und im Bereich des salomonischen Tempels. Was sie dort suchten und vielleicht auch fanden, ist bis heute rätselhaft. Die Spekulationen reichen von der Bundeslade über den heiligen Gral bis hin zu Schriften aus der Zeit Christi, die dem Glauben einen völlig neuen Inhalt geben könnten. Oder war es der Schatz König Salomons, hinter dem sie her waren?

Was immer sie auch in Jerusalem entdeckt haben mögen, an keinem Ort der Welt kommt man den Gründungsgeheimnissen der Offenbarungsreligion so nahe. Christentum, Judentum und Islam haben hier ihren Ursprung. Als 1849 britische Offiziere eine Karte der unterirdischen Gänge und Gewölbe dieses Bereichs anlegten, stießen sie überall auf die Spuren der Templer.
Der Orden war seit seiner Gründung immer von Geheimnissen umwoben. Niemand konnte sagen, woher sein Vermögen kam. Der Reichtum des Ordens wuchs plötzlich immens und sein Einfluss auf die Politik nahm zu.

1139 verlieh den Templern der Papst das Recht, eigene Kirchen bauen und eigene Steuern erheben zu dürfen. Keine andere weltliche Macht durfte sich je in ihre Handlungen einmischen. Sie wurden zu den eigentlichen Herren Jerusalems und zu einer Handelsmacht im gesamten Mittelmeerraum.

Der 1. Kreuzzug hatte bewiesen, dass es möglich war, Besitz und Macht zu erwerben. Die Eroberung des Heiligen Landes hatte dem Handel neue Dimensionen eröffnet. Als im Jahre

1144 die Stadt Edessa in Mesopotamien von den Sarazenen wieder zurückerobert wurde, sah der Papst die heiligen Stätten Palästinas aufs Neue bedroht und ließ zum 2. Kreuzzug rüsten. Die Städte Genua, Pisa und Venedig waren nur allzu gerne bereit, sich zu engagieren, schien es doch wieder eine äußerst profitable Unternehmung zu werden.

Das Volk war diesmal zu Anfang nicht sehr begeistert. Am Rhein predigte der Mönch Radulf für den Kreuzzug, aber erreichte damit nur, dass sich in mehreren Städten das Volk gegen die Juden erhob, denen man Geldwucher vorwarf. Doch dann bestieg ein anderer Streiter Gottes auf Geheiß des Papstes die Kanzeln: Bernhard von Clairvaux hatte die Zelle seines Klosters verlassen, zog wie eine lodernde Fackel über die Lande und entzündete in den Herzen der Gläubigen die Opferfreude.

Der heilige Bernhard

Erst wirkte Bernhard von Clairvaux in Frankreich, wo König Ludwig VII. mit zahlreichen Rittern die Fahrt ins heilige Land gelobte. Dann begab er sich über Flandern nach Deutschland. Allein seine Erscheinung, die hagere, von frommen Übungen ausgezehrte Gestalt und das von einer heiligen Glut überstrahlte Antlitz genügten, um überall wo er predigte, einen wahren Taumel der Hingebung an ihn zu erwecken. Man glaubte, Wunder zu erleben, und folgte besinnungslos seinem Ruf, Auch der deutsche Herrscher Konrad III. nahm das Kreuz und machte sich mit einem Heer von 60.000 Mann auf den Weg.

Alle waren dem Ruf des Papstes und des heiligen Bernhard gefolgt, sogar die Herrscher der beiden mächtigsten Reiche

Europas, Ludwig VII. von Frankreich und Konrad III. von Deutschland. Ein gewaltiges Heer verließ Europa. Doch der Kreuzzug wurde zu einem furchtbaren Fehlschlag mit riesigen Verlusten.

Allein der König von Frankreich konnte sich über sein Unglück trösten. Es war ihm nämlich gelungen, einige Splitter vom Kreuz, einige Nägel, den Schwamm, den Purpurrock Jesu und die Dornenkrone – für eine ungeheure Summe zu kaufen. Als diese Heiligtümer ankamen, ging er ihnen mit seinem ganzen Hofe barfuss bis Vincennes entgegen! Es schien, als wäre endlich ganz Europa im religiösen Rausch dem Glanz der römischen Kirche erlegen, und Männer wie Bernhard von Clairvaux hatten daran vielleicht den größten Anteil.

Bernhard stammte aus einer alten adeligen burgundischen Familie. Er war ein Schwärmer, dem es wahrer Ernst war, die verdorbenen Geistlichen und die Menschheit generell zu bessern. Er quälte seinen Körper auf grauenhafte Weise, indem er mit seinen Mönchen oft nur von Buchenblättern und dem elendsten Gerstenbrot lebte. Genoss er einmal zur Stärkung seines geschwächten Magens etwas Mehlbrei mit Öl und Honig, dann weinte er bitterlich über diese Schwachheit.

Seine Frömmigkeit und sein scharfer Verstand erwarben ihm bald einen bedeutenden Ruf. Als er einmal in Mailand einzog, waren seine Hände und Armen geschwollen von den Küssen, mit denen ihn die zudringlichen Gläubigen überdeckten. Er hätte Erzbischof, ja Papst werden können, aber er schlug alle Würden aus. Als einfacher Bruder Bernhard von Clairvaux übte er dennoch bedeutenden Einfluss aus. Er schlichtete Streitigkeiten zwischen Päpsten und Königen, zwischen Fürsten und ihren trotzigen Vasallen, und selbst der wildeste Kriegsmann zitterte vor dem gewaltigen Mönch. Weder Kaiser noch Papst wagten es, in Bernhards Kloster einzureiten, sie gingen demütig zu Fuß.

Aus Überzeugung und religiösem Eifer unterstützte Bernhard von Clairvaux den 2. Kreuzzug, diese „großartige Narrheit", wie sie mancher Historiker nennt. Selbst über die hartnäckigsten Widersacher siegte seine Beredsamkeit. Der deutsche Herrscher Konrad III. war zuerst völlig abgeneigt, den Kreuzzug mitzumachen, aber als er in Speyer die Predigt Bernhards gehört hatte, legte er seinen Königsmantel ab und trug den Heiligen auf seinen Schultern durch das Gedränge.

Bernhards verführerische Zunge entvölkerte die Städte von Männern, *„so dass in manchen kaum einer für sieben Weiber zurückblieb, denn alles, was die Wand bepisst, nahm das Kreuz."*, klagte ein Zurückgebliebener. Zwischen Bernhard von Clairvaux und dem Orden der Tempelritter muss es manche Querverbindungen gegeben haben. Nicht nur, dass er bei der Ausarbeitung der Ordensregeln behilflich war, sondern er war es auch, der 1128 die kirchliche Anerkennung des Ordens beim Papst erwirkte. Doch dann scheinen sich die Wege getrennt zu haben. Bernhard blieb seiner Überzeugung treu, Askese und Armut – und wurde ein Heiliger.

Der Orden der Templer wurde überraschend schnell sehr reich, ja man sprach bald vom sagenhaften Templerschatz. Ein Nimbus geheimen Wissens und geheimer Macht umgab die Tempelritter. Überragende Kenntnisse in der Architektur wurde ihnen nachgesagt, und die gewaltigen gotischen Kathedralen, die in jenem Jahrhundert entstanden, lassen sich in erster Linie auf ihre Kenntnisse zurückzuführen.

Jagd auf die Templer

Dieses Wissen entsprang zweifellos der arabischen Kultur. Der Bau der Kathedrale von Chartres nahm von der Planung bis zur Fertigstellung nur 26 Jahre in Anspruch.
Innerhalb dieser Zeit schufen Zimmerleute, Glaser, Bildhauer, Geodäten und Astronomen ein derart unfassbares Meisterwerk, dass jeder Besucher, der die Kirche betritt, unweigerlich ihrer Faszination erliegt.

Die Proportionen sind so perfekt, dass der ganze Bau schwerelos zu sein scheint. Wo man hinblickt, entdeckt man bedeutungsvolle Tafeln und Glasbilder, die sich jeder Entschlüsselung entziehen. Welche Geheimnisse könnten die Baumeister hier verborgen haben? Chartres ist nur eine von 80 riesigen gotischen Monumentalbauten, die in diesem Jahrhundert, nach der Rückkehr der Tempelritter aus dem Heiligen Land, in Frankreich entstanden.

Das Ende des Ordens ist ebenso geheimnisvoll wie sein Anfang. Allmählich wurde klar, dass die Templer auch in Glaubensfragen ihre eigenen Wege gingen. Das konnte Papst Clemens V. nicht dulden. Er tat sich mit dem französischen König Ludwig IV. zusammen, denn der schuldete dem Orden der Templer sehr viel Geld.

Im Morgengrauen des 13. Oktober 1307 begann die erbarmungslose Jagd auf alle Mitglieder des Ordens. Ziel war, alle Tempelritter in Frankreich zu verhaften und ihre Besitztümer zu beschlagnahmen. Die Anzahl der Templer in ganz Frankreich schätzte man damals auf etwas 15.000 Mann. Viele konnten fliehen, nach Spanien, Portugal und Schottland. Doch die meisten wurden gefasst und eingekerkert.

Wer nicht schon in den Folterkammern starb, der brannte auf dem Scheiterhaufen. Der sagenhafte Templerschatz jedoch blieb verschwunden. Doch es sollte nicht lange dauern, da ging von Schottland eine neue, ähnliche Bewegung in die Welt, die der Freimaurer. Bis heute sagt man ihnen nach, insgeheim an den Fäden des Weltgeschehens zu ziehen. Sind sie die Erben der Tempelritter?

Zur Zeit der Kreuzzüge war das Papsttum auf dem Gipfel seiner Macht. Auf Geheiß des heiligen Vaters zog ganz Europa in den Krieg. Erbarmungslos erschlugen die christlichen Streiter den Feind oder wurden selbst hingeschlachtet oder starben auf dem Weg ins heilige Land an Hunger, Krankheit oder Erschöpfung.

Dass die Männer auf dem Stuhl Petri dem Machtrausch erlagen, ist menschlich. Doch mit Religion und Gott hatte die sittliche Dekadenz der katholischen Geistlichkeit nichts mehr zu tun. Enttäuschung machte sich daher bei den Gläubigen breit, und das Ideal christlicher Lebensführung, wie es der heilige Bernhard verkörperte, gewann an Bedeutung.

Bernhard blieb zwar sein Leben lang dem Papsttum treu ergeben, versäumte es aber nicht, immer wieder den weltlichen Machthunger und das zügellose Treiben der kirchlichen Herrscher zu kritisieren. Die nahmen ihm das keineswegs übel, und so wurde er schon 1173 heilig gesprochen.

Die Hinwendung zum asketischen Ideal nahm neue Formen an. 1182 wurde Johannes Bernardone geboren. Die Idee der Bettelorden ist sein Verdienst. Der Sohn eines reichen Kaufmanns aus Assisi in Umbrien wollte nicht in die Fußstapfen seines Vaters treten. Also wurde er Soldat, geriet in Gefangenschaft und erkrankte dort schwer. Nach seiner Genesung trieb er sich unter Bettlern und Aussätzigen herum, küsste ihre Geschwüre, kleidete sich in Lumpen und bestahl seinen Vater, um das Gestohlene zum Aufbau einer verfallenen Kirche zu verwenden.

Franz von Assisi

Der Bischof von Assisi nahm ihn in Schutz, und bald zog er im Lande umher, bettelnd für den Bau der oben erwähnten Kirche. Die Kollekte fiel so reichlich aus, dass er auf den Gedanken kam, einen Bettelorden zu gründen. Papst Innozenz III., der dazu angeblich durch einen Traum veranlasst wurde, bestätigte die von Franz aufgesetzte Mönchsregel, die er anfangs *„eine Regel für Schweine, aber nicht für Menschen“* genannt hatte. Der nächste Papst, Honorius II., war auch nicht sonderlich begeistert: *„Ihr seid ein Einfaltspinsel“*, meinte er, aber er ließ den Einfaltspinsel gewähren.

Anfangs wurde Franz verspottet und verhöhnt, aber nach drei bis vier Jahren stieg der Ruf seiner Heiligkeit so sehr, dass ihm, wenn er einer Stadt nahte, Geistlichkeit und Volk feierlich entgegen kamen und alle Glocken geläutet wurden. Wenn er in Assisi umherging und bettelte, so steckte er alles Essbare, das er erhielt, in einen Topf, und wenn ihn hungerte, so langte er zu und aß von dem ekelhaften Gemisch. Einst wurde Franz von einem Kardinal zu Tische geladen, er ließ jedoch alle Gerichte unberührt und aß zum allgemeinen Ekel der erlauchten Gäste den Schweinefraß, den er gesammelt hatte.

„Die Almosen sind unser Erbe, Almosen unsere Gerechtigkeit, das Betteln unser Zweck und unsere Königswürde! Die Schmach und Verachtung unsere Ehre und unser Ruhm am Tage des Gerichts." Das war sein Leitspruch und er ging selbst mit gutem Beispiel voran. Je mehr ihn die Gassenjungen verhöhnten, desto lieber war es ihm, und ganz vergnügt war er, wenn sie ihn gar mit Schmutz bewarfen. Aus lauter Demut ließ er sich oft mit Füßen treten.

Die Tiere liebte er sehr und nannte sie seine Brüder und Schwestern. Gar oft predigte er den Gänsen, Enten und Hühnern. Und als ihn einst die Schwalben und Sperlinge durch ihr Gezwitscher störten, bat er die „lieben Schwestern" um Ruhe. Einen Bauer, der zwei Lämmer zu Markte trug, fragte er: *„Weshalb quälst du meine Brüder so?"* Eine Laus, die sich auf seine Kutte verirrte hatte, nahm er sorgfältig zwischen die Finger, küsste sie und sagte:
„Liebe Schwester Laus, lobe mit mir den Herrn!" Dann setzte er sie auf seinen Kopf, woher sie gekommen war,

Seinen Körper nannte Franz „Bruder Esel", und wenn diesen Esel der Hafer stach, dann plagte er ihn wacker. Er wälzte sich nackt auf Dornen, stieg bis an den Hals in gefrorene Teiche oder legte sich in den Schnee, bis jede wollüstige, eselhafte Regung verschwunden war.

Sein Orden wuchs außerordentlich schnell. Schon im Jahre 1216, als er ein Generalkapitel des Ordens nach Assisi ausschrieb, kamen hier 5.000 Franziskaner zusammen. Im Laufe der Zeit wurden dir Franziskanerklöster so wohlhabend wie keine anderen. Reichtum durch Armut – eine verblüffende Konstellation.

Pazifisten als Ketzer

Im Süden Frankreichs hatte sich seit dem 1. Kreuzzug als Reaktion auf die sittliche Dekadenz der katholische Geistlichen eine weitere neue Glaubensgemeinschaft gebildet, die der römischen Kirche aus dem Ruder lief – die Katharer. Der Name kommt vom griechischen „katharos" und bedeutet „rein". Die Katholiken verwendeten den Ausdruck mit abfälligem Unterton „Hochmütige, die sich rein nennen". Die Katharer selbst nannten sich „Gläubige", „Christen", die Priester sogar „Gute Christen". Die Bezeichnung „Vollkommener" oder „perfectus" für einen katholischen Priester wurde nur von den Inquisitoren der römischen Kirche verwendet – natürlich ironisch.

Die Katharer strebten danach, den angeblich in ihrem Körper eingefangenen göttlichen Funken zu befreien. Da sie die Bibel auf ihre eigenen Art und Weise auslegten, standen sie in herbem Widerspruch zur römischen Kirche. Ja, sie bestritten sogar die Göttlichkeit Christi. Er war für sie nur ein Mensch, allerdings ein vorbildlicher Mensch. Das heilige Sakrament der Taufe war für sie ohne Bedeutung. Und sie waren Pazifisten, Kriegsgegner. Das hatte es in der römischen Kirche schon seit 1.000 Jahren nicht mehr gegeben.

Das konnte der Papst unmöglich dulden – zu einer Zeit, in der auf sein Geheiß ganz Europa zu den Waffen griff. Bernhard von Clairvaux hatte schon versucht, die Katharer oder Albigenser, wie sie auch genannt wurden, zum wahren Glauben zu bekehren. Angesichts seiner geringen

Erfolge wurde dann auf dem 3. Laterankonzil im Jahr 1179 beschlossen, entschiedener gegen diese Häresie vorzugehen. Aus dem Wort „Katharer" wurde jetzt der Begriff „Ketzer".

Drei päpstliche Abgesandte trafen in der Folge im südfranzösischen Okzitanien ein. Hier blühte der Minnesang, was die heiligen Padres wohl verwirrt haben mag. Von den Troubadouren wurde etwa das „hohe Lied der Frau" gesungen, wo doch die Weiber „Gefäße des Teufels" waren, „Quellen der Sünde", „Lusthäuser des alten Feindes". Nun wurde auch noch der päpstliche Legat Pierre de Casteinau ermordet. Bis heute weiß man nicht, ob er von den Katharern oder von heimlichen Mördern des Papstes beseitigt wurde. Jedenfalls gab das den Anlass, nun mit Waffengewalt gegen die teuflischen Ketzer vorzugehen.

Im März 1208 rief Papst Innozenz III. zum Kreuzzug gegen die Albigenser auf. Ritter aus ganz Frankreich, aus Flandern und Burgund, aus Bayern, Österreich und Friesland folgten dem Aufruf. Der „heilige Krieg" sollte mehr als 20 Jahre dauern, und man schätzt die Zahl der Opfer auf eine Million.

Dominikus Guzman, einer der drei päpstlichen Legate gegen die Katharer, erkannte, dass der römischen Kirche ein geeignetes Instrument fehlte, um den Unglauben in den eigenen Reihen rechtzeitig und erfolgreich bekämpfen zu können. Deshalb gründete er den Orden der Dominikaner.

Dominikaner als Glaubenswächter

Der Orden befasste sich mit Predigten und Unterricht im wahren Glauben, mit der Zensur gefährlicher Bücher und mit der Verfolgung der Irrgläubigen, der Ketzer. In päpstlichem Auftrag trat jetzt die heilige Inquisition auf den Plan, und

Dominikus selbst war der erste, der förmliche Ketzerjagden anstellte. Die „peinliche Befragung“, auch Folter genannt, war das Instrument der Wahrheitsfindung, der Scheiterhaufen das Urteil.

Dominikus wollte seinen Orden mit dem des heiligen Franz vereinigen; aber dieser hatte keine Lust dazu. Beide Orden standen sich indessen anfangs bei; gerieten aber bald in bittere Feindschaft. Zum einen wollten die gebildeten Dominikaner stets etwas Besseres sein als die Franziskaner, von denen durchaus keine Gelehrsamkeit gefordert wurde. Zum andern war auch der Dominikanerorden ein Bettelorden wie der der Franziskaner, und so kam Neid ins Spiel.

1221 starb Dominikus Guzman. Bereits 13 Jahre später wurde er heilig gesprochen, denn seine Verdienste für die römische Kirche waren enorm: Mit der heiligen Inquisition war Werkzeug geschaffen worden, um dem Irrglauben buchstäblich kräftig einzuheizen.

Es gab in jener Zeit der Kreuzzüge und der „heiligen Kriege“ gegen Ketzer auch andere Menschen, die das Wort „heilig“ weit eher verdienten. Oft waren es die Frauen, die in dem erstarrten Patriarchat und dem Größenwahn des Papsttums leise Töne anschlugen und meist zurückgezogen in Klöstern, sich mystischer Betrachtung hingaben. Mitunter leuchtet ihr milder Glorienschein bis in unsere Zeit herüber. Die Nonne des Benediktinerordens Hildegard von Bingen wäre hier zu nennen.

Ihr Wissen über Heilkräuter und Medizin erfreut sich gerade in unseren Tagen wieder reger Aufmerksamkeit. Unter dem Begriff „Hildegard-Magazin“ kann man in mancher

Apotheke auf ihre Rezepturen zurückgreifen, wenn die Schulmedizin mit ihrem Latein am Ende ist. Hier ein Beispiel ihrer Heilkunst: *„Wer im Herzen Schmerzen leidet, so dass seines Herzens Stärke keine Fortschritte macht, sondern traurig wird, esse oft die rohen Kerne der Maroni, und das gießt seinem Herzen gleichsam einen Schmelz ein und er gelangt zu Stärke und Frohsinn."*

Hildegard von Bingen

Durch ihre Betrachtung der Natur erkannte Hildegard von Bingen den Menschen als ganzheitliches Wesen, als ein Zusammenspiel von Geist und Körper. Von Kopf bis Fuß versuchte sie, den Krankheiten auf die Spur zu kommen, befasste sich mit Gehen und Stehen und Reiten, mit der Ernährung und der Verdauung; mit den Gemütsbewegungen und Stoffwechselstörungen und gab Anweisungen für eine gesunde Lebensführung. *„Angst, Zorn oder auch übergroße Freude können dem Menschen das Einschlafen erschweren. Erst wenn er in seinem Gemütszustand mit seinen Angelegenheiten in Übereinstimmung kommt, erhalten die Gefäße das rechte Maß zurück. Dann schläft der Mensch ein"*.

Der Tagesablauf einer Nonne wie Hildegard war hart. Mit dem Nachtgottesdienst begann um drei Uhr morgens der Tag hinter den Klostermauern nach der Regel des heiligen Benedikt „ora et labora", bete und arbeite. Zwischen den kurzen Stundengebeten arbeitete man im Garten und auf dem Feld. Das Nachtgebet kurz nach Sonnenuntergang beendete den Tag. Hier ein Gebet aus der Feder Hildegards für diejenigen, die in den christlichen Litaneien keine Erbauung finden:

„Wenn ich mit offenen Augen betrachte,
was du, mein Gott, geschaffen hast,
besitze ich hier schon den Himmel.

Ruhig sammle ich im Schoß
Rosen und Lilien und alles Grün,
während ich deine Werke preise."

Hildegards erstes großes theologisches Werk, „Scivias – wisse die Wege", begründete ihren Ruf als Mystikerin und Seherin und gewann Ansahen bis in die höchsten Kirchenkreise. *„Im Jahre 1141 der Menschwerdung Jesu Christi, als ich 42 Jahre und sieben Monate alt war, sah ich ein überaus stark funkelndes Licht aus dem geöffneten Himmel kommen. Es durchströmte mein Gehirn, mein Herz und meine Brust ganz und gar, gleich einer Flamme, die jedoch nicht brennt, sondern erwärmt. Es erglühte mich so wie die Sonne einen Gegenstand erwärmt, auf den sie ihre Strahlen ergießt. Und plötzlich hatte ich die Einsicht in den Sinn und die Auslegung des Psalters, des Evangeliums und der anderen Schriften des Alten und neuen Testaments. Die Geschichte, die ich schaue, empfange ich nicht in traumhaften Zuständen, nicht im Schlafe oder in Geistesgestörtheit, nicht mit den Augen des Körpers und nicht an abgelegen Orten, sondern wachend, besonnen und mit klarem Geist, mit den Augen und Ohren des inneren Menschen, an allgemein zugänglichen Orten, so wie Gott es will. Und ich hörte eine Stimme vom Himmel sagen, ‚ich bin das lebendige Licht, das das Dunkel durchleuchtet.'"* Hildegard von Bingen gilt heute noch als die größte Mystikerin des Mittelalters.

Hier in der Mitte des 12. Jahrhunderts spürte man bereits, wie eine neue Zeit ihre Schatten voraus warf, wie neues Denken sich allmählich Raum schuf. In Italien entstanden die ersten Universitäten. Gelehrt wurden zunächst vor allem die christlichen Glaubenswahrheiten. Philosophie erfreute sich bei den Gelehrten großen Ansehens. Philosophieren bedeutete in dieser Zeit, die gepredigten Wahrheiten möglichst spitzfindig zu beweisen. Daneben stand die Mystik, die aus der inneren Gottesschau gespeist wird, in hohem Ansehen.

In dieser Zeit bildeten sich auch die neuen Glaubensgemeinschaften, die Katharer und die Waldenser; und die römische Kirche antwortete mit drakonischen Maßnahmen, mit Schwert und Feuer der heiligen Inquisition. Der Papst war mächtiger als je zuvor. Durch den großartigen Erfolg des 1. Kreuzzuges war seine Allmacht über den ganzen Erdkreis zum Greifen nah.

Doch der Misserfolg der christlichen Heere im 2. Kreuzzug wendete noch einmal das Blatt. Das sinnlose Sterben der Kreuzritter in Kleinasien und Palästina lastete man den Urhebern des unseligen Unternehmens an. Die Enttäuschung über das große vergebliche Opfer fiel auf die zurück, die das Opfer verlangt und mit tausend schönen Sprüchen dafür geworben hatten.
Während die römische Kirche in ihrer weltlichen Machtentfaltung deutlich Federn ließ, wurde in Deutschland im Jahre 1152 ein neuer Herrscher gewählt: Friedrich Barbarossa.

Friedrich Barbarossa

Barbarossa nahm noch einmal den Kampf gegen die weltliche Vorherrschaft des Papstes auf.
Doch die Machtbefugnisse, die sich die Kurie im Kaufe einiger Jahrhunderte angemaßt hatten, waren mittlerweile so

gefestigt, dass seine Erfolge in der Machtfrage nichts anderes als ein kurzes Auflodern der alten kaiserlichen Herrlichkeit waren.

Die Zeit, in der der Kaiser noch dauerhaft über die Kirche herrschen konnte, war endgültig vorüber. Aber im Einvernehmen mit dem Papst zu herrschen, das war ebenfalls undenkbar.
Dabei schien jetzt die Situation günstig. Das Papsttum war angeschlagen und hatte mit Aufständen in Rom zu kämpfen. Und der neue deutsche König, Friedrich I., auch Barbarossa genannt nach seinem rötlich schimmernden Bart, das war endlich wieder ein Herrscher von Format.

Als glühender Verehrter Karls des Großen strebte er wie dieser nach der Vormachtstellung gegenüber der römischen Kirche. Auch die Vorstellung vom Gottesstaat auf Erden unter der Führung des Kaisers wurde noch einmal lebendig. Und so betrieb Friedrich Barbarossa eifrig die Heiligsprechung Karls des Großen. Aber die neue Blüte des Reiches sollte nur ein halbes Jahrhundert währen.

Die weltlichen Fürsten standen hinter dem neuen König. Und gegen die Fürsten der Kirche wusste sich Friedrich schnell durchzusetzen. Er verlangte von ihnen Gehorsam und verhängte, wo es nötig erschien, strenge Strafen. Er verstand es, auf leer gewordene Throne Männer zu bringen, die ihm wohl gesonnen waren und ihm treu blieben.

Er zog die bewegliche Habe verstorbener Kirchenfürsten ein, kurz, er fing an, mit der hohen Geistlichkeit wieder zu verfahren wie mit einem königlichen Werkzeug. 1153 kam zu Konstanz ein Vertrag zwischen König und Papst zustande. Beide versprachen sich Hilfe gegen die Feinde, und Papst

Eugen III. stellte Friedrich die Kaiserkrone in Aussicht. Ein Jahr später war es dann so weit. Friedrich überquerte mit einer bescheidenen Streitmacht von 1.800 Rittern die Alpen.

Hadrian IV., der in der Zwischenzeit Papst geworden war, war in arger Bedrängnis. Die römischen Bürger hatten – in Erinnerung an das antike römische Imperium – einen Senat erwählt, der dem Papst die Alleinherrschaft in der heiligen Stadt streitig machte. Dazu kam, dass in Rom und in der Lombardei ein gewisser Arnold von Brescia das Volk mit heißen, aufreizenden Reden gegen den Papst aufwiegelte: Wahre Frömmigkeiten verbiete jeden Besitz. Die Kirche müsse sich daher aller Güter enteignen, predigte er auf offener Straße.

Auch wandte sich Arnold von Brescia gegen die herrschende Praxis der Inquisition, die ohne ordentliche Gerichtsverhandlung und ohne die Möglichkeit einer Verteidigung die Angeklagten auf den Scheiterhaufen schickte. Bereits auf dem Weg nach Rom nahm Friedrich Barbarossa den Quertreiber gefangen und überstellte ihn dem Papst, der ihn alsbald hinrichten ließ.

Doch Papst Hadrian IV. verlangte von dem deutschen König einen noch viel schmerzlicheren Dienst: *„Barbarossa musste die Aufgabe eines Stallmeisters übernehmen und dem Papst den Steigbügel halten.“* Das tat er erst nach heftigem Widerstreben, und dann auch nur, weil ihn die älteren Ritter in seiner Begleitung davon überzeugen konnten, dass dasselbe bereits unter dem letzten Kaiser geschehen war.

Barbarossa hielt dem Papste den Steigbügel, aber er hielt ihn auf der rechten Seite, auf welcher der Schinder zu Pferde steigt, und antwortete auf die Bemerkung Hadrian darüber: *„Ich war nie Stallknecht, Eure Heiligkeit werden verzeihen.“* Ja, der Kaisertitel war mittlerweile mit großer Demütigung verbunden.

Nach der Krönung zog Kaiser Friedrich Barbarossa wieder ab, obwohl die Römer erneut den Aufstand probten. Der Papst musste sich allein helfen. War das eine kleine Rache für eine große Demütigung? Denn 1.800 deutsche Panzerreiter, das war nicht genug, um in Rom nachhaltig die Ruhe wieder herzustellen. Zwar waren die Ritter von Furcht erregendem Aussehen – mittlerweile trugen sogar die Pferde Kettenpanzer – doch viel mehr als eine bewaffnete Demonstration war das wohl nicht.

Unter Kaiser Friedrich Barbarossas Herrschaft gedieh das deutsche Reich prächtig wie lange nicht mehr. Und um es zu seinem früheren Glanz zu erwecken, griff Friedrich auf alte Bestimmungen und Gebräuche zurück, die in Vergessenheit geraten oder durch die veränderten Verhältnisse nicht mehr ausgeübt wurden. Doch von seinem Traum, ein Weltreich nach dem Vorbild Karls des Großen zu errichten, war er dennoch weit entfernt.

Der Zwist zwischen Kaiser und Papst entzündete sich drei Jahre später erneut, als auf einem prunkvollen Reichstag Barbarossas zwei päpstliche Legate erschienen und einen Beschwerdebrief des kirchlichen Herrn überbrachten. Neben allerlei Vorwürfen fand sich ein Hinweis, dass die kaiserliche Würde ein Lehen der päpstlichen Oberhoheit sei.
Es kam zum Tumult unter der deutschen Gefolgschaft des Kaisers, wobei ein Legat einwarf: „Von wem hat er dann das Kaisertum, wenn nicht vom Herrn Papst?“

Die erneute päpstliche Demütigung saß tief. Im folgenden Jahr überschritt einkaiserliches Heer von mehr als 10.000 Mann die Alpen, Brescia ergab sich, Mailand wurde gezwungen, die Tore zu öffnen. Die päpstliche Macht hatte sich zunehmend auf die Städte Oberitaliens gestützt. Jetzt mussten die Kirche sämtliche Reichsgüter, die sie sich im Laufe der Zeit angeeignet hatte, zurückgeben. Nur das wurde zugestanden, für dessen einwandfreien Erwerb sie den urkundlichen Nachweis erbringen konnte. Überdies durchstreiften kaiserliche Boten die päpstlichen Gebiete und tasteten sie nach alten Rechten der Krone ab.

Papst und Gegenpapst

Just zu diesem Zeitpunkt starb der Papst. Die Kardinäle spalteten sich in zwei Lager – für und gegen Barbarossa – und so wurden zwei Päpste gewählt. Die Kirchenfürsten aus Deutschland und der Lombardei wählten Papst Viktor IV., die übrigen erhoben Alexander III. zum Papst, eben jenen Legaten, der auf Barbarossas Reichstag das demütigende Schreiben des Papstes überbracht hatte.

Die jetzt folgende Auseinandersetzung zwischen Alexander III. und dem Kaiser dauerte fast 20 Jahre. Papst Alexander flüchtete nach Frankreich und versuchte, eine internationale Allianz gegen den Kaiser auf die Beine zu stellen. Barbarossa machte Mailand dem Erdboden gleich. Alexander III. kehrte nach Rom zurück. Der Kaiser erschien mit seinem Heer in der heiligen Stadt und setzte „seinen" Gegenpapst auf den Thron. Alexander III. floh erneut.

Da raffte das kaiserliche Heer eine tückische Seuche hinweg. Jetzt war es Barbarossa, der auf Schleichwegen mit dem kümmerlichen Rest seiner Mannschaft in Richtung Heimat floh, denn in den norditalienischen Städten brauchte er sich derart geschwächt nicht mehr blicken zu lassen. Die Städte Norditaliens hatten sich nämlich in der Zwischenzeit zum Veroneser Bund zusammengeschlossen, um das kaiserliche Joch abzuschütteln.

Barbarossa hatte eine Weile genug von Italien. Erst sechs Jahre später überquerte er erneut mit 8.000 Rittern die Alpen. Der Veroneser Städtebund handelte mit dem Kaiser einen Frieden aus. Barbarossa schickte daraufhin den größten Teil seines Heeres nach Hause in der Überzeugung, die Herrschaft in Oberitalien gefestigt zu haben. Die Städte dachten aber nicht daran, sich an die Abmachungen zu halten, jetzt wo des Kaisers Ritter weg waren. Rädelsführer des Aufstandes waren die Mailänder, die sich für die Zerstörung ihrer Stadt rächen wollten.

Jetzt blieb dem Kaiser nichts anderes übrig, als mit Papst Alexander III. Frieden zu schließen.
Als sich die beiden 1177 in Venedig trafen und der Kaiser des Papstes Fuß küsste, da soll nach Auskunft der kirchlichen Schreiber Papst Alexander den Fuß auf des Kaisers Nacken gesetzt haben mit den Worten: *„Auf Schlangen und Ottern mögest du gehen und treten auf junge Löwen und Drachen."*

Des Kaisers Schreiber überlieferte die Antwort Barbarossas: *„Nicht dir gilt es, sondern Petrus."* Der Papst soll darauf geantwortet haben: *„Mir und Petrus."* Wie es scheint, wollte sich Barbarossa mit seiner Niederlage noch nicht abfinden. Er verheirate seinen Sohn mit der Thronerbin der in Süditalien herrschenden Normannen und verlieh ihm bei der Hochzeit den Titel „Cäsar". Jetzt war er in der Lage, den Papst in die Zange zu nehmen.

Mit dem Besitz Süditaliens mochte er noch manch andere Hoffnung verknüpft haben. Vielleicht wollte er teilhaben an den lukrativen Unternehmungen im Morgenland. Nur so scheint es verständlich, dass er als 60-Jähriger mit 20.000 Rittern zu einem Kreuzzug ins heilige Land aufbrach. Er sollte nicht wiederkommen. In Kleinasien erfocht er noch einen letzten Sieg und ertrank dann in den Fluten des Saleph.

Eine Ära ging zu Ende – endgültig – die Ära der großen europäischen Reiche. Es wird fortan keinen Herrscher mehr geben, der sich mit Karl dem Großen oder Otto dem Großen vergleichen könnte. Der Sieg des Papsttums zeichnete sich ab. Wohl begehrte noch der eine oder andere König oder Kaiser dagegen auf, doch das Blatt begann sich unwiederbringlich zu wenden.

Bonifazius VIII. kam 1294 auf den päpstlichen Stuhl. In seiner Bulle heißt es: „*Wir erklären, sagen, bestimmen und entscheiden hiermit, dass alle menschliche Kreatur dem Papst unterworfen sei und dass man nicht selig werden könne, ohne dies zu glauben.*“ Papst Bonifaz VIII. stiftete den gläubigen Christen das Jubeljahr! Die Römer feierten den Anfang eines neuen Jahrhunderts durch große Festlichkeiten und auch die Juden hatten ihr Jubel- und Versöhnungsjahr. Dies brachte den Papst auf den Gedanken, solche Jubeljahre in der Christenheit einzuführen.

Wer in dem Jubeljahr nach Rom wallfahrtet und hier sein Scherflein auf dem Altar niederlegt, der erhielt vollkommenen Ablass für alle Sünden, die er in seinem Leben begangen hatte. Er war wieder unschuldig wie ein neugeborenes Kind oder noch unschuldiger, denn in diesem steckt gemäß der Kirchenlehre noch die Erbsünde, die erst durch die Taufe gelöscht wird. Von allen Seiten strömten die

Sünder nach Rom. Im Jahre 1300 waren es rund 200.000. Der Gewinn, den sowohl die Römer als auch die Papstkirche davon hatten, war unermesslich.

Was von den reichen Leuten an Gold und Silber geopfert wurde, hat die päpstliche Schatzkammer wohlweislich verschwiegen. Allein nur an Kupfergeld kamen in diesem goldenen Jahre 50.000 Goldgulden zusammen. Nach einer ungefähren Schätzung belief sich der ganze Ertrag des Jubeljahres auf 15 Millionen. Für die damalige Zeit war das eine ganz außerordentliche, eine unerhörte Summe.

Einträgliche Jubeljahre

Die unerwartet reiche Ernte machte den Päpsten natürlich Lust zu einer baldigen Wiederholung. Hundert Jahre sind gar zu lang, und so hatte Papst Clemens VI. die beispiellose Güte zu bestimmen, dass das nächste Jubeljahr bereits 50 Jahre später gefeiert wurde, denn ihm war ein ehrwürdiger Greis mit zwei Schlüsseln – also wahrscheinlich St. Peter – erschienen, der ihm mit drohender Gebärde zugerufen hatte: *„Öffne die Pforte!“* Da musste er natürlich gehorchen.

In der Jubelbulle befiehlt der Papst den Engeln des Himmels, *„auch diejenigen, die auf der Reise nach Rom gestorben sind, vom Fegefeuer zu erlösen und in die Freuden des Paradieses einzuführen.“* Am Altar von St. Paul lösten sich Tag und Nacht zwei Priester mit Croupierrechen in der Hand ab, die unaufhörlich das geopferte Geld einstrichen und fast der Last ihrer Arbeit erlagen. Das Gedränge in der Kirche war so groß, dass viele der Gläubigen erdrückt wurden. Die Zahl der Wallfahrer gibt man auf eine Million und einige Hunderttausende an und den Ertrag dieser Jubelernte auf mehr als 22 Millionen!

Zum Andenken an die Lebensjahre Jesu verkürztc Papst Urban VI. die Zeit zwischen den Jubelernten auf 33 Jahre, damit er selbst im Jahr 1383 noch in den Genuss desselben käme. Und *„wegen der Kürze des Menschenlebens“* wurde der Abstand in späterer Zeit auf 25 Jahre verkürzt.

Bonifazius IX. wurde 1389 Papst. Er berechnete, dass viele Christen nicht nach Rom kämen, weil die Reise zuviel kostete und weil sie vielleicht auch wegen ihrer Geschäfte nicht abkömmlich wären. Diesen schickte er die Gnade ins Haus, indem er Leute aussandte, welchen er die Macht beilegte, für den dritten Teil der Reisekosten nach Rom vollgültigen Ablass zu erteilen!

Trotz dieser Erleichterung strömten die Fremden nach wie vor in die heilige Stadt, und in dem Jubeljahr unter Nikolaus V., der von 1447 bis 1455 regierte, konnte die Tiberbrücke die Menge der Menschen nicht tragen: Sie brach zusammen. 200 Gläubige verloren dabei ihr Leben.

Unterdessen gestaltete sich für die weltlichen Herrscher das Regieren immer schwieriger.
Da war nicht nur der Papst in Rom, der die Oberherrschaft über die ganze Welt beanspruchte, nein, auch im Bürgertum der Städte war eine neue Kraft herangewachsen, die allmählich das alte Lehensystem Stück für Stück ablöste. Vorreiter waren die Städte der Lombardei, als sie sich zum Veroneser Bund zusammengeschlossen und Kaiser Barbarossa erfolgreich getrotzt hatten.

Der Geschichtsschreiber Otto von Freising berichtete von ihnen: „*Denn sie lieben die Freiheit so sehr, dass sie sich jedem Übergriff der Gewalt entziehen und sich lieber von Konsuln als von Herrschern regieren lassen. Da es bekanntlich bei ihnen drei Stände gibt, nämlich Capitane, Valvassoren und Bürger, werden, um keinen Hochmut aufkommen zu lassen, diese Konsuln nicht aus einem, sondern aus allen Ständen gewählt, und damit sie sich nicht zur Herrschsucht verleiten lassen, werden sie jedes Jahr ausgetauscht.*

So kommt es, dass das Land fast vollständig unter Stadtstaaten aufgeteilt ist, und dass man ferner kaum einen Edlen oder Großen von noch so großem Ehrgeiz findet, der sich nicht dieser Herrschaft der Städte beugte. Damit sie nicht der Mittel entraten, auch die Nachbarn zu unterdrücken, halten sie es nicht für unter ihrer Würde, junge Leute der unteren Stände und auch Handwerker, die irgendein verachtetes mechanisches Gewerbe betreiben, zum Rittergürtel und zu höheren Würden zuzulassen. So kommt es, dass sie an Reichtum und Macht die übrigen Städte der Welt übertreffen."

Stadtluft macht frei

Es sollte nicht lange dauern bis überall in Europa das Beispiel der Italiener Schule machte.

„*Stadtluft macht frei über Jahr und Tag*", war ein Ausspruch jener Tage, der auf die ländliche Bevölkerung der Umgebung eine große Anziehungskraft ausübte. Jeder grundherrschaftlich abhängige Bauer konnte in die Stadt ziehen und war nach Ablauf einer Frist von 366 Tagen frei. Er konnte nicht mehr von seinem früheren Herrn zurückgefordert werden. Als freier Bürger genoss er den Schutz der Stadt und konnte einer selbstständigen

beruflichen Tätigkeit nachgehen. Er konnte Handel treiben oder sich als Handwerker sein Brot verdienen.
Mit den alten Marktrechten, die die Städte meist besaßen, war auch die Aufsicht über Maße und Gewichte verbunden. Münz- und Zollrechte kamen hinzu und die Wehrhoheit. Manche Stadt konnte sich sogar das Recht der Hochgerichtsbarkeit erkämpfen.

In Deutschland folgte der große Rheinische Städtebund dem italienischen Beispiel. Mainz, Worms und Oppenheim schworen sich Beistand bei jeder Bedrohung von außen.
Der Schweizerischen Eidgenossenschaft der drei Urkantone Uri, Schwyz und Unterwalden traten bald auch Luzern, Zürich und Bern bei. Bis heute hat ihr Bund überdauert.

Eine neue Zeit war angebrochen. Die Kreuzzüge hatten die Grenzen des mittelalterlichen Europas gesprengt. Das heilige Land musste man zwar wieder an die Sarazenen abtreten, doch der Zuwachs an Kenntnissen aller Art aus der arabischen Welt war unbestreitbar. Und der Handel mit weit entfernten Ländern des Orients brachte vielen Städten großen Wohlstand.

Doch mit den hochgeschätzten Waren aus dem fernen Osten kam auch der schwarze Tod.
Matteo Vilani, Chronist im italienischen Florenz, berichtete 1346: *„In diesem Jahr begann sich im Osten, in China und Nordindien und weiteren Gebieten unter den Menschen jeden Alters und Geschlechts eine Seuche auszubreiten. Man fing an Blut zu spucken, und der eine starb sofort, der andere nach zwei oder drei Tagen. Die Krankheit kam in Schüben und erfasste ein Volk nach dem anderen und innerhalb eines Jahres ein Drittel*

des Erdteils, der Asien heißt. Zuletzt erreichte sie die Völker am Schwarzen Meer.“

Der schwarze Tod

Unruhe begann sich in Genua auszubreiten, denn Genua hatte auf der Halbinsel Krim im Schwarzen Meer eine Handelsniederlassung: Caffa. Sie wurde gerade von den Tartaren belagert, doch sie erreichten dabei wenige Fortschritte. Bald wurden sie der Belagerung müde.

Ein junger Notar aus Piazenca weilte eben zu der Zeit in Caffa – Gabriele de Mussis. Nach seiner glücklichen Heimkehr berichtete er: *„Zu diesem Zeitpunkt befiel die Seuche die Tartaren. Ihr ganzes Heer geriet in Panik, und täglich starben Tausende. Den Eingeschlossenen erschien es, als ob Rachepfeile vom Himmel flögen, um den Übermut der Feinde zu zügeln.*

Als die nunmehr von Kampf und Seuche geschwächten Tartaren bestürzt und völlig verblüfft zur Kenntnis nehmen mussten, dass ihre Zahl immer kleiner wurde und erkannten, dass sie ohne irgendeine Hoffnung auf Rettung dem Tod ausgeliefert waren, banden sie die Leichen auf Wurfmaschinen und ließen sie in die Stadt Caffa hineinkatapultieren, damit dort alle an der unerträglichen Seuche zugrunde gehen sollten. Man sah, wie sich die Leichen, die sie auf diese Weise hineingeworfen hatten, zu Bergen türmten. Die Christen konnten sie nämlich weder wegschaffen, noch vor ihnen fliehen.

Eine Rettung schien nur dadurch möglich, dass man die herabstürzenden Leichen, soweit es möglich war, in den Fluten des Meeres versenkte. Bald war jedoch die ganze Luft verseucht und ebenso das Wasser durch die krankmachende Fäulnis vergiftet. Es breitete sich ein

solcher Gestank aus, dass von Tausenden nur noch einer in der Lage war, die Stadt zu verlassen und die Flucht zu wagen.
So gelangten etliche aus der erwähnten Stadt Caffa mit einigen Schiffen, die von zwar noch lebenden, aber bereits mit der Seuche infizierten Seeleuten gesteuert wurden, nach Genua, mit anderen nach Venedig, mit wieder anderen in weitere Regionen der Christenheit. Es klingt unglaublich: Kaum gingen die Matrosen irgendwo an Land – die krankmachenden Ausdünstungen begleiteten sie ja – und kamen dort mit den Menschen in Berührung, starben diese." So kam die Pest nach Europa.

Die Hafenstadt Genua war eine der größten Städte des Kontinents. Doch jetzt hielt der Schwarze Tod reiche Ernte. Bald konnte die Stadtregierung keine rechtlich bindenden Beschlüsse mehr fassen, da die meisten Ratsmitglieder der Seuche zum Opfer gefallen waren. Nach den Berichten de Mussis überlebte nur einer von sieben. Viele Genueser flohen und brachten die Pest ins Hinterland.

Unaufhaltsam fraß sich die verheerende Seuche durch Europa. Aus Venedig berichtete Lorenzo de Monacis: „*Gleich zu Beginn raffte die Pest innerhalb weniger Tage führende Persönlichkeiten, Richter und Beamte hinweg, die man in den großen Rat gewählt hatte; danach auch diejenigen, welche deren Platz eingenommen hatten. Im Monat Mai nahm sie so sehr zu und wurde derart ansteckend, dass Plätze, Höfe, Grabstätten und Fried-höfe von Leichen überquollen. Viele wurden an öffentlichen Wegen begraben, einige unter dem Boden ihrer Häuser. Unzählige starben, ohne dass jemand dabei war, und ihre Leichen stanken aus den verlassenen Häusern.*

Keine natürliche Flamme könnte fettige Dinge, die sich nahe beieinander befinden, so umzingeln oder verbrennen, wie diese Pest alles verdarb und befiel, was in ihrer Nähe war. Keiner, der sich bei einem Sterbenden aufhielt, konnte dem Tod entkommen. Hauchte nämlich jemand sein Leben aus, wurde alles von einem unentrinnbaren, tödlichen Ansteckungsstoff erfüllt. So überließen sich Eltern, Kinder, Geschwister, Nachbarn und Freunde gegenseitig ihrem Schicksal. Die Ärzte besuchten keine Patienten mehr, sondern ergriffen die Flucht.“

Ein Handelsschiff, das in Genua abgewiesen wurde, ging in Marseille vor Anker. So kam die Pest auch über Frankreich. Die medizinische Fakultät in Paris erstellte folgendes Gutachten über die Seuche: *„Wir, die Mitglieder des Medizinalkollegiums zu Paris, legen hiermit nach reiflicher Überlegung und gründlicher Diskussion über die vorherrschende tödliche Pest sowie nach Erforschung der Meinung unserer alten Lehrer eine klare Analyse dieser Seuche nach den Regeln der Astrologie und Naturwissenschaften vor.*
Wir erklären folgendes: Man weiß, dass in Indien und den Ländern am großen Meer die Gestirne, welche mit den Sonnenstrahlen und der Hitze des Himmelsfeuers kämpfen, ihren Einfluss besonders auf das Meer ausüben und heftig gegen seine Gewässer ankämpfen. Dabei entstehen Dämpfe, welche die Sonne verdunkeln und ihr Licht in Finsternis verwandeln. Diese Dämpfe bilden einen Kreislauf des Steigens und Fallens von 28 Tagen. Schließlich wirken die Sonne und ihr Feuer so stark auf das Meer ein, dass sie eine große Menge davon anziehen und in Dampf verwandeln, der sich in die Luft hebt.

Ist nun irgendwo das Wasser durch verendete Fische verdorben, kann es durch die Sonnenwärme nicht mehr aufgelöst und weder in heilsamen Dampf noch Hagel, Schnee oder Reif verwandelt werden, sondern die Dünste verbreiten sich in der Luft und hüllen manche Gegenden mit Wolken ein. So geschah es in Arabien, Teilen Indiens, in den Ebenen und Tälern Mazedoniens, in Albanien, Ungarn, Sizilien und Sardinien, wo kein Mensch am Leben blieb.
Wir glauben, dass die Gestirne sich mit Hilfe der Natur darum bemühen, durch ihre himmlische Macht das Menschengeschlecht zu erhalten und von seinem Leid zu befreien. Sie werden mit Hilfe der Sonne durch die Kraft ihres Feuers die dichten Wolken innerhalb von 10 Tagen, bis zum 17. Juli, durchbrechen. Der Nebel wird sich dann in einen giftigen Regen verwandeln, nach dem die Luft wieder rein wird. Sobald ihn Donner und Hagel ankündigen, muss jedermann mit Niederschlägen rechnen und den Kontakt mit der Luft während des Regens vermeiden.
Danach soll man große Feuer aus Weinreben, Lorbeerzweigen oder anderem, noch grünem Holz anzünden, ferner viel Weihrauch und Kamille auf öffentlichen Plätzen und zu Hause verbrennen. Niemand soll die Felder betreten, bevor sie völlig trocken geworden sind. Drei Tage soll man auch wenig Nahrung zu sich nehmen und sich vor der Kühle des Morgens, des Abends und der Nacht hüten.“

Frühe Judenverfolgungen

Als klar wurde, dass die ärztlichen Prognosen nicht zutrafen, begannen die Menschen, andere mögliche Ursachen zu vermuten. Fremde wurden mit großem Argwohn betrachtet, und in Narbonne erklärte ein Richter, dass man Männermit verdächtigem Pulver festgenommen habe, die zum Teil freiwillig, zum Teil unter der Folter Giftanschläge gestanden hätten. Sie seien vermutlich von Engländern für ihre Schandtaten bezahlt und deshalb mit Zangen gezwickt, zerstückelt und schließlich verbrannt worden.

Es musste eine Ursache geben für diese Seuche, die das ganze Menschengeschlecht dahinzuraffen drohte. Manche glaubten zu bemerken, dass junge und schöne Menschen bevorzugt Opfer der Pest wurden. Chalin de Vinario, der Leibarzt des Papstes, hatte wieder eine andere Theorie: *„In Avignon kamen zunächst die Spanier um, weil sie schmutzig waren und viel Fleisch aßen, was sehr viel Blut erzeugt, das, wenn es in großer Menge vorhanden ist, leicht in Fäulnis übergeht; dann, weil sie unmoralisch lebten, und weil sie aus bereits verseuchten Gebieten nach Avignon kamen.*
Angesteckt wurden schließlich auch die Juden, weil auch sie in unhygienischen Verhältnissen lebten und sich ebenfalls in einer anderen Region aufgehalten hatten, wo auf Grund der Besonderheit und des Klimas der Gegend eine tödliche Seuche grassierte. Aus diesem Grund starben auch solche, die durch körperliche Arbeit geschwächt waren, etwa die Bauern. Bei ihrer Arbeit atmen sie nämlich notwendigerweise viel verseuchte Luft ein. Sie erkranken also, weil sie Tag und Nacht unter freiem Himmel der Luft ausgesetzt sind, die sie durch die Atmung aufnehmen.
Weitere Gründe, weshalb zu Epidemiezeiten die meisten Menschen erkranken und sterben, sind die Angst und all die Eindrücke, die durch häufiges Glockenläuten, die Totengesänge und Leichenkarren hervorgerufen werden.

Man nimmt wahr, wie jedermann vom Tod heimgesucht wird.“

In vielen Städten wurden jetzt die Glocken nicht mehr geläutet und Trauerzüge durch die Straßen wurden verboten. Papst Clemens VI. mied den Kontakt zur Außenwelt. Niemand hatte Zutritt zu seinen Gemächern. Ununterbrochen ließ er große Feuer unterhalten. Er gab die Anweisung, Pestleichen zu sezieren, um der Krankheit auf die Spur zu kommen.
Man fand das, was man suchte: *„Verfaulte Körpersäfte, Fäulnis der inneren Organe, hervorgerufen durch einen Überschuss des feucht-warmen Blutes. Aderlass ist da die einzig mögliche Therapie.“* Die Diagnosen waren alle zweifellos sehr gelehrt, doch waren sie auch richtig?

Natürlich wusste man damals nicht, dass Ratten und Flöhe die Krankheit übertrugen – und beides gab es zu Hauf. Dass von den Kranken tödlicher Pesthauch ausging, nämlich dann, wenn die Lungen befallen waren, das war nicht zu bezweifeln, und so versuchten sich die wenigen Ärzte, die nicht vor der Seuche geflohen waren, durch Pestmasken zu schützen. In das schnabelförmige Behältnis vor Nase und Mund steckte man Leinenstreifen, die in Essig oder andere Essenzen getränkt waren. Aber es gab damals absolut kein Mittel gegen die Pest. Alles, was man versuchte, war vergebens.

Die Pest war in den Augen der streng Gläubigen auf alle Fälle eine Züchtigung von Gottes Hand! Und Buße zu tun schien da das einzige Mittel. Schließlich hatte Papst Clemens VI. zur Wallfahrt nach Rom aufgerufen, zum zweiten Jubeljahr in der Geschichte der Christenheit, lange bevor irgendjemand von der Seuche ahnen konnte? Das war ein

Fingerzeig Gottes! Und so strömten die Gläubigen im Pestjahr 1350 in Scharen nach Rom, beteten und leisteten ihre Buße – und brachten die Seuche auch in die Gegenden, die bis dahin verschont geblieben waren.

Die blutigen Geißler

Doch vielen war eine Wallfahrt nicht genug. Es schienen sich die Prophezeiungen der Apokalypse zu erfüllen. Das Ende der Welt war nahe. Während die einen ihr Vermögen verprassten, um dem Leben noch so viel wie möglich abzugewinnen, fanden sich die Bußfertigen zu Prozessionen zusammen. Sie wollten dem Leiden Christi nacheifern und sich geißeln, wie dieser gegeißelt wurde. So zogen sie von Stadt zu Stadt und brachten damit oft auch die Pest mit sich.

Zeitzeugen berichten von den Geißelprozessionen so: *„Jeder trug Geißeln, die an ihm herunterhingen, und sie sangen ihr Lied“. ‚Diese Bittfahrt ist so erhaben. Christus ging selbst nach Jerusalem und trug sein Kreuz in der Hand. Nun helfe uns der Heiland...’ Sie hatten zwei oder drei Vorsänger, denen sie antworteten. Und kamen sie in Kirchen, verschlossen sie diese, legten ihre Gewänder bis auf das Unterkleid ab, so dass sie von den Lenden bis zu Knöcheln nur noch Leinen trugen. Während der Prozession umschritten sie in Zweierreihen Kirche und Kirchhof und sangen. Und jeder Teilnehmer schlug sich mit seinen Geißeln hoch bis zu den Achseln, so dass das Blut über die Köchel floss. Dabei trug man Kreuze, Kerzen und Fahnen voraus, und während der Prozession wurde gesungen: „Trete her, wer büßen will. So entkommen wir der heißen Hölle. Luzifer ist ein böser Geselle. Wen er greifen kann, den stürzt er ins Elend.*

Jede Geißel war eine Art Stock, von welchem drei Stränge mit großen Knoten vorne herabhingen. Mitten durch die Knoten liefen von beiden Seiten sich kreuzende, eiserne, nadelscharfe Stacheln, die in der Länge eines Weizenkorns oder etwas mehr aus den Knoten ragten. Mit solchen Geißeln schlug man sich auf den entblößten Oberkörper, bis sich dieser blau verfärbte und anschwoll, das Blut nach unten lief und die nahe liegenden Wände der Kirche, worin sie sich geißelten, bespritzte. Zuweilen trieben sie sich die eisernen Stacheln so tief ins Fleisch, dass man sie erst nach wiederholten Versuchen herausziehen konnte.“

Eine Bußfahrt dauerte 33 und einen halben Tag und entsprach damit den Lebensjahren Christi. Bis zu 100.000 Gläubige sollen an einigen dieser kollektiven Rasereien teilgenommen haben. Dabei ging es nicht immer friedlich zu. Den Einzug der Geißler in der Reichsstadt Frankfurt dokumentierte der Chronist Caspar Camentz: *„Im Jahre 1349, als die Sekte der Flagellanten scharenweise unser Deutschland, seine Städte und Orte durchschwärmte, kam eine sehr große Zahl von ihnen auch nach Frankfurt. Als sie hier sahen, wie die Juden in den besten Vierteln wohnten, waren sie, ich wage nicht zu sagen, ob zurecht, so empört, dass sie die Schmach unseres Herrn rächen, die Waffen nehmen und kämpfen wollten. Es entwickelte sich ein Getümmel, wobei man die Juden niedermetzelte. Vergeblich setzten sich die Bürger für die Unversehrtheit und Sicherheit der Juden ein. Die Geißler stürzten in deren Häuser, griffen sie an, und die Juden, die zu den Waffen eilten, wurden niedergemacht.*
Die Sturmglocke läutete, und die Bürgerschaft verteidigte sie. Dank deren Stärke und Mut wurde den Juden, nicht ohne erhebliches Blutvergießen – die meisten

waren dem Schwert zum Opfer gefallen – ihre Ruhe zurückgegeben. Doch als ob die Ausschreitungen gegen sie mit Wissen oder gar nach dem Willen der Stadtväter und Bürger geschehen wäre, begannen diese, sich äußerst argwöhnisch zu verhalten und sannen nicht nur gegen einige, sondern gegen alle Bürger auf Rache.“

Die Juden waren ein verfemtes Volk. Bereits auf dem 4. Laterankonzil im Jahre 1215 waren sie vom damaligen Papst Innozenz III. für „ihren Mord an Christus“ zur „ewigen Sklaverei“ verdammt worden. Seither musste jeder Jude ab seinem 7. Lebensjahr als Kennzeichen den spitzen Judenhut tragen. Viele Berufe waren ihnen verwehrt, und so verdiente sich mancher aus ihrer Mitte seinen Lebensunterhalt als Geldverleiher, ein Gewerbe, das den Christen untersagt war. Missgunst, Neid und Argwohn begleitete sie daher ständig.

Als man jetzt nach Schuldigen suchte für die schreckliche Seuche, da waren sie die ersten Opfer. Der Konstanzer Domherr Heinrich von Diessenhofen berichtete: *„In diesem Jahr verbrannte und tötete man die Juden vom Johannesfest bis Allerheiligen in ganz Burgund, mit Ausnahme der Stadt Avignon, die der Papst erworben hatte, bis hin nach Solothurn, wo man sie ebenfalls umbrachte, weil man ihnen die tödliche Seuche, die in diesem und im folgenden Jahr wütete, in die Schuhe schob. Man erzählte sich und hörte, ja sie gestanden es selbst, dass sie, wie auch den Aufzeichnungen des folgendes Jahres zu entnehmen ist, die Brunnen vergiftet hätten.“*

Der Boom nach der Pest

Drei Jahre lang wütete die erste Pestwelle in Europa. Doch auch damit war die Seuche noch nicht überstanden. Mailand wurde erst zehn Jahre später erfasst, und 1370 sowie 1380 flammte die Pest erneut auf.

Danach war nichts mehr wie früher. Rund ein Drittel der europäischen Bevölkerung erlag dem Massensterben. Aus Florenz berichtete der Chronist Matteo Villani: *„Da die Leute nur noch wenige waren und deshalb im Überfluss Grund und Boden erbten, vergaßen sie die Vergangenheit, als ob sie nie vorhanden gewesen wäre. Das niedrige Volk wollte nicht mehr in den alten Berufen arbeiten, da Männer und Frauen vom Überfluss überwältigt wurden, den man in allen Bereichen vorfand. Man verlangte auch nach teuren und köstlichen Speisen. Wenn geheiratet wurde, kleideten sich die Kinder und Frauen niedrigsten Standes in all die schönen teuren Gewänder der Vornehmen, die umgekommen waren.“*

Die Händler hatten durch die Seuche stark an Bedeutung verloren, denn wer wollte schon in diesen Zeiten Handel treiben, wo jeder Fremde argwöhnisch betrachtet wurde aus Angst, ob er nicht die Pest einschleppte oder die Brunnen vergiften wollte.

Aber es dauerte nicht lange, bis die großen und mächtigen Handelshäuser gegründet wurden. Hans Fugger, der Stammvater der berühmten Kaufmannsfamilie war zu dieser Zeit dabei, sich in Augsburg als Weber niederzulassen. Die entvölkerten Städte vergaben nämlich nach jeder Pestwelle Zuzugsrechte, um die Sterbeziffern auszugleichen, denn viele Häuser standen leer und drohten zu verfallen.

Handwerk hat goldenen Boden. Nach den grauenvollen Jahrzehnten standen sie in bestem Rufe. In den Städten brach die Herrschaft der Zünfte an. Schuhmacher, Bäcker,

Fleischer, Steinmetze und Schmiede dominierten die Ratsversammlungen. Das waren die Bürger des neuen Mittelstandes.

An ihrem Wirken erkennt man am deutlichsten den Anbruch einer neuen Zeit: Johannes Gutenberg wurde um das Jahr 1400 geboren. Seine Erfindung des Buchdrucks war eine Revolution. Plötzlich waren Bücher und damit Informationen für breite Schichten der Bevölkerung erschwinglich. Viele große und kleine Erfindungen veränderten jetzt das Leben. Auf den Kirchtürmen sah man immer häufiger große Uhren, und man begann Arbeitszeit nicht mehr in Tagen sondern in Stunden zu messen. Das war der neue Lebensrhythmus, doch noch galt er nicht für alle. Das Mittelalter ließ sich nicht in allen Lebensbereichen so leicht abschütteln.

Das Ende der Ritter

So gab es noch immer Ritter, doch sie werden jetzt im 15. Jahrhundert zunehmend zum Anachronismus. Einst als „ Panzerreiter“ gegen die Horden der Ungarn zu Ruhm und Ansehen gelangt, prägten sie schnell das mittelalterliche Leben und wurden bald zum niederen Adel erhoben. Prächtige Ritterturniere, höfischer Minnegesang und Ritterlehre sind untrennbar mit dem Mittelalter verbunden.

Doch nun ging ihre Zeit zu Ende. Bereits während der Kreuzzüge wurde ihre Rüstung immer schwerer. Die leichten Kettenhemden waren allmählich durch Eisenrüstungen, den Plattenpanzer, ersetzt worden, um sich vor feindlichen Pfeilen besser schützen zu können.
Daraufhin erfanden die Engländer den Langbarden, aus bestem elastischem Eibenholz gefertigt. Mit dem unteren

Ende wurde der Bogen in den Boden gestemmt. Nur die kräftigsten Männer vermochten ihn mit der ganzen Kraft ihrer Muskeln zu spannen. Die Pfeile trafen noch auf 200 Meter Entfernung ihr Ziel und ihre Kraft durchschlug sogar den Plattenpanzer.

Von den edlen Rittern wurde die Bogenwaffe natürlich verschmäht. Das war etwas fürs Fußvolk. Doch das Fußvolk, diese Bauernkrieger, die machten den Rittern allmählich schwer zu schaffen. Sie kämpften, um zu siegen – und da war ihnen jedes Mittel Recht. Die Ehre war ihnen einerlei. Mit langen Spießen stellten sie sich in geschlossenem Verband auf. Ritt man dagegen an, dann gruben sich die Spieße tief in die Pferdeleiber. Und sofort fielen sie mit ihren schrecklichen Hellebarden über den gestürzten Reiter her und schlugen ihm grausame Wunden. Der kam meist gar nicht mehr dazu, sein Schwert zu benutzen.

Ein verwundeter Ritter, der am Boden lag, hatte keine „ritterliche“ Schonung zu erwarten. Die Bürgerheere und Bauernkrieger wollten kein Lösegeld von den adligen Verwandten erpressen. Sie drehten den Ritter, der sich in seiner Rüstung kaum bewegen konnte, einfach auf den Bauch und stachen mit ihren Spießen in das ungeschützte Sitzfleisch, bis der Ritter „ins Gras biss“. Die Rüstung, die war kostbar. Den nackten Körper ließ man liegen.

Nein – es war nicht mehr die Zeit der Ritter und der Ritterspiele, die jetzt anbrach.
Während auf der einen Seite Genies wie Leonardo da Vinci die Türen zu einer neuen Zeit aufstießen, Impulse setzten in der Architektur, in Technik und Astronomie, in Physik und Anatomie, und nicht zu vergessen in der Malerei, herrschten auf der anderen Seite Inquisition, Glaubenspostulate und

Hexenwahn. Hier ist das Mittelalter noch lange nicht zu Ende. Die Scheiterhaufen, auf denen Ketzer verbrannt wurden, brannten bis ins 17. und 18. Jahrhundert hinein.

Exzesse der Hexenverfolgung

Im Dezember 1484 veröffentlichte Papst Innozenz VIII. eine päpstliche Bulle, die als „Hexenbulle“ in die Geschichte einging. *„Nicht ohne schmerzliche Sorge ist uns kürzlich zur Kenntnis gelangt, dass in einigen Teilen Norddeutschlands sowie in den Provinzen, Gemeinden und in den Diözesen Mainz, Köln, Trier, Salzburg und Bremen viele Personen beiderlei Geschlechts, uneingedenk ihres eigenen Heils und vom katholischen Glauben abweichend, sich mit Teufeln und teuflischen Wesen selbst entehrt haben und durch ihre Beschwörungen, Zauber, Zauberformeln und abscheuliche Zaubereien die Nachkommen der Frauen und die Jungtiere zugrunde richten, die Früchte der Erde, die Trauben an den Weinstöcken und das Obst an den Bäumen, ja sogar Männer, Frauen und Tiere, auch Weinberge, Obstgärten, Wiesen und Weiden, Roggen, Weizen und andere Getreide der Erde verfluchen und vernichten.*

Diese teuflischen Wesen plagen und quälen außerdem Männer und Frauen, Herdentiere sowie Vieh aller Art mit Schmerzen und Krankheit, innerlich und äußerlich; sie hindern die Männer zu zeugen und die Frauen zu empfangen, weshalb weder Männer mit ihren Frauen noch Frauen mit ihren Männern den Geschlechtsakt ausführen können. Darüber hinaus entsagen sie dem Glauben, den sie durch das Sakrament der Taufe erhielten, und scheuen sich nicht, angestiftet vom Feinde der menschlichen Rasse, die abscheulichsten Gräuel und

Exzesse zum Schaden der menschlichen Seele zu verüben, wobei sie die göttliche Majestät beleidigen und die Ursache von Ärgernissen und gefährliche Beispiele für viele sind.“

Es gab schon vorher päpstliche Manifeste gegen Zauberei und Hexentum, auch wurden schon vor dieser Zeit Hexen verbrannt. Aber die Dominikaner, die mit der Inquisition betraut waren, machten keine große Sache daraus. Es geschah eher beiläufig und stillschweigend. Das sollte sich jetzt ändern. Angestiftet durch die Bulle des Papstes erschienen zwei eifrig hexengläubige Dominikanermönche beim heiligen Vater – Heinrich Institoris und Jakob Sprenger.

Beide konnten auf eine langjährige Erfahrung in Sachen Hexenverfolgung zurückblicken und erwirkten von Papst Innozenz VIII. einen Erlass, der ihnen die alleinige Zuständigkeit in Sachen Hexen zusprach. Mit dieser Vollmacht durften sie gegen Verdächtige nach eigenem Gutdünken vorgehen. Was für eine groß angelegte Hexenjagd fehlte, das war eine Anleitung für das praktische Vorgehen, wenn man einen Verdächtigen gefunden hatte. Also verfassten die Dominikanermönche ein Handbuch für den Hexenjäger – den Hexenhammer.

Papst Innozent VIII. war sehr angetan von dem Engagement der beiden Mönche, denn mit diesem Handwerkszeug war es möglich, alles auszurotten, war nicht bibelgläubig oder papsttreu war. Ketzer und Hexen wurden jetzt in einen Topf geworfen und der Begriff Ketzer neu definiert. Ab sofort war jeder ein Ketzer, der nicht an Hexen glaubte. Jetzt war der Glaube an Hexen also eng mit dem christlichen Glauben verbunden.

Auf der einen Seite konnte man damit die letzten Reste von nicht christlichem Aberglauben beseitigen, auf der anderen Seite hatte man jetzt ein nützliches Instrument gegen das neue Denken zur Hand, das überall im Gottesstaat des Papstes um sich griff. Es gab Menschen, die der Vernunft einen Wert beimaßen, wo doch jeder wissen sollte, dass Vernunft der Häresie gleichkam, da sie dem Glauben im Wege stand. Und der Glaube war jetzt laut der päpstlichen Bulle der Hexenglaube.

Dank der neuen Buchdruckkunst wurde das Buch „Der Hexenhammer" ein Bestseller. Bis 1669 erlebte es 29 Auflagen und wurde in mehrere Sprachen übersetzt. Und so ging ein Hexenprozess vor sich: Der Richter begann den Prozess durch eine allgemeine Vorladung, indem er folgenden Text an den Türen der Kirche oder des Rathauses anheftete: *„Da wir mit allen unseren Neigungen erstreben und aus vollem Herzen ersehen, dass das uns anvertraute christliche Volk in der Einheit und Klarheit des katholischen Glaubens eifrig gepflegt und von aller Pest der ketzerischen Verkehrtheit fern gehalten werde, befehlen wir unter der Strafe der Exkommunikation, innerhalb der zwölf zunächst zu rechnenden Tage, man möge uns enthüllen, wenn jemand weiß, gesehen oder gehört hat, dass irgend eine Person als Ketzerin oder Hexe übel beleumundet oder verdächtig sei und das sie im besonderen so etwas betreibe, was zur Schädigung der Menschen, der Haustiere oder Feldfrüchte auszuschlagen vermag. Wenn jemand unseren vorgenannten Ermahnungen und Befehlen nicht gehorcht, mit der Wirkung, dass er das Vorausgeschickte innerhalb der Exkommunikation durchbohrt sei."*

Es war jetzt des Bürgers Pflicht, jeden zu denunzieren, dem man misstraute. Andernfalls traf einen der Bannfluch des Papstes.

Anleitung zur Denunziation

Wer so in die Mühlen der Inquisition geriet, der hatte keine Aussicht zu überleben. „Ebenso wie Ketzer gegen Ketzer zum Zeugnis gelassen wird, so auch Hexer gegen Hexer, jedoch immer nur gegen und nicht für; auch Gattin, Söhne und Angehörige gegen und nicht für, und zwar deshalb, weil deren Zeugnis zum Beweise wirksamer ist." Wer aber für einen Verdächtigen Zeugnis ablegte, war automatisch auch verdächtig und geriet damit in die Fänge der Inquisition.

Einmal erfasst, gab es kein Entrinnen. *„Was schließlich der Richter tun muss, ergibt sich klar. Dass nämlich, wie es die allgemeine Gerichtspflege verlangt, zur Strafe des Blutes keine Angeklagte verurteilt wird, wenn sie nicht durch eigenes Geständnis überführt wird, wiewohl sie für offen in ketzerischer Verkehrtheit ertappt gehalten wird, und von einer solchen Angezeigten ist jetzt auch die Rede, so wird die dann auf jeden Fall zur Erlangung eines Geständnisses den peinlichen Fragen und Foltern ausgesetzt. Und damit die Frage klar sei, möge ein Fall angenommen werden, der sich zu Speyer zutrug und zu vieler Leute Kenntnis gelangt ist.*
Als ein gewisser ehrenwerter Mann an einer gewissen Frau vorüberging und er auf ihren Wink nicht in den Verkauf einer verkäuflichen Sache hatte willigen wollen, rief sie unwillig hinter ihm her: ‚In kurzem wirst du wünschen, zugesagt zu haben!' Und so oder mit ähnlichem Sinne ist die gebräuchliche

Art der Hexen zu sprechen. Da wandte er, unwillig über sie, und nicht mit Unrecht, das Gesichte nach hinten, um sie anzusehen, in welcher Absicht sie die Worte ausgestoßen habe; und siehe, er ward plötzlich von einem Krampf im Gesicht geschüttelt, der sich schräg bis zu den Ohren ausdehnte; und er konnte es nicht zurückziehen, sondern blieb lange Zeit in diese Einstellung."

Es gab vier Arten, den Angeklagten zu überführen, entweder nämlich durch das Recht, wie z. B. Folterwerkzeuge und Zeugen, oder durch Evidenz der Tat, oder durch Auslegung des Rechtes, z. B. dass der Angeklagte öfters vorgeladen worden sei, oder durch heftigen Verdacht.

Das war jetzt der „Gottesstaat auf Erden" unter der Alleinherrschaft des Papstes. Beeindruckend ist folgender Abschiedsbrief einer verurteilten „Hexe": *„Zu viel hunderttausend guter Nacht, herzlieb Tochter. Unschuldig bin ich, gemartert und muss sterben. Man hat mir den Daumenstock angelegt, bis dass das Blut heraus quoll, danach achtmal auf die Folter. Herzlieb Kind, dieses Schreiben halt verborgen, Gute Nacht, ich sehe dich nimmermehr."*

Während ganz Europa hell aufleuchtete im Schein der Scheiterhaufen, sonnten sich die Päpste im Glanz ihrer gottgleichen Allmacht. War das Gottes Staat auf Erden? Auf dem Thron der Papst als der Allmächtige – und um ihn herum die hell lodernden Fegefeuer der Sünder? Nein – es war eher ein letztes Aufbäumen der mittelalterlichen Geisteshaltung gegen die neu anbrechende Zeit.

Der Zauber der Renaissance

Vor allem von Italien gingen die Impulse für eine neue Zeit aus. Die Familie der Medici, durch Bankgeschäfte reich geworden, beherrschte Florenz. Cosimo de Medici stiftete die Platonische Akademie, an der sich bald Künstler und Denker der neuen Zeit versammelten. Hier war die dogmatische Geisteshaltung des Mittelalters bereits überwunden. Der Mensch in seinem Wesen wurde Mittelpunkt der Betrachtung. Eifrig wurden die großen Werke der griechischen Antike gelesen und diskutiert: Plato, Sokrates, Pythagoras.

Vor allem in der Architektur schaffte sich das neue Denken Ausdruck. Und auch hier war es Cosimo de Medici, der großzügig Aufträge vergab: Brunelleschi und Michelozzo schufen die gewaltige Domkuppel und den Palazzo Medici in Florenz.

Lorenzo de Medici, er wurde auch der Prächtige genannt, trat in die Fußstapfen seines Großvaters Cosimo und führte Florenz in der zweiten Hälfte des 15. Jahrhunderts zu einer Blüte, die ihresgleichen suchte. Er trat für eine Politik des Gleichgewichts unter den italienischen Stadtstaaten ein. Selbst ein begabter Dichter, sammelte er führende Humanisten um sich und förderte eifrig die Kunst. Der junge Florentiner Michelangelo Buonarroti gehörte zu seinen Schützlingen und galt als aufstrebendes Bildhauer- und Malertalent. Er machte sich später auch als Baumeister beim Bau von St. Peter in Rom einen Namen.

Renaissance wird dieser Aufbruch in die Neuzeit genannt. Überall war er zu spüren, nicht nur in Florenz. In Granada warb ein junger Mann aus Genua für seine Pläne, einen neuen Seeweg nach Indien zu entdecken. Er glaubte an die Kugelgestalt der Erde und wollte nach Westen segeln. Königin Isabella von Kastilien schenkte ihm Gehör und unterstützte das tollkühne Unternehmen. Er wird dann Amerika entdecken – Christopher Kolumbus.

Auch nördlich der Alpen war die Aufbruchstimmung allmählich zu spüren. Der Gelehrte Erasmus von Rotterdam genoss in breiten Kreisen bereits großes Ansehen. In seinem „Handbuch des christlichen Streiters“ setzte er sich für ein freies, vernunftgemäßes Christentum ein, das den sittlichen Gehalt des Neuen Testaments betonte. Er entwickelte einen Plan zur künftigen Vermeidung von Kriegen: Alle christlichen Staaten sollten einen umfassenden Bund bilden. Jedes Land sollte ein genau bestimmtes Gebiet zugesichert erhalten. Keine Vergrößerungen, keine Sonderabkommen oder überalterte Ansprüche sollten rechtens sein.

Renaissance und Humanismus regten sich überall als Boten einer neuen Zeit. Der Horizont der Menschen weitete sich und bald lösten die Erkenntnisse der neuen Wissenschaften von der Natur der Dinge die Glaubensdogmen ab – unwiderruflich.

In Rom begann im Jahre 1506 der Neubau des Petersdoms. Die Hofhaltung der Päpste konnte sich inzwischen mit dem Prunk der altrömischen Kaiser messen. Bald traten dabei finanzielle Engpässe auf. Aber Papst Leo X. wusste sich zu helfen. Der heilige Vater erließ eine Bulle, worin allen, welche durch Geldbeträge den Bau der Peterskirche befördern würden, Ablass verkündet wurde.

Die ganze christliche Erde wurde nun in verschiedene Bezirke eingeteilt und Reisende der großen römischen

Handelshäuser unter dem Titel päpstlicher Legaten oder Kommissare losgeschickt. Die Ablassbriefe, die diese Reisende des Statthalters Gottes verkauften, lauteten wie folgt: *„Im Namen unseres allerheiligsten Vaters, des Stellvertreters Jesu Christi, spreche ich dich zuerst von aller Kirchenzensur los, die du verschuldet haben könntest, hier nächst auch von allen Misstaten und Verbrechen, die du bisher begangen, so groß und schwer dieselben auch sein mögen; auch von denen, welche sonst allein der Papst vergeben kann. Ich erlasse dir vollkommen alle Strafen, die du um dieser Sünden willen billig im Fegefeuer erleiden solltest. Ich mache dich wieder der Kirchensakramente und der Gemeinschaft der Gläubigen teilhaftig und setze dich von neuem in den reinen und unschuldigen Zustand zurück. Worin du gleich nach der Taufe warst, so dass, wenn du stirbst, die Pforten der Hölle, wodurch man zur Qual und Strafe einzieht, verschlossen sein sollen, damit du geraden Weges in das Paradies gelangen mögest.“*

Die Thesen Martin Luthers

In der päpstlichen Kanzleitaxe war der Preis festgesetzt, für welchen die allerscheußlichsten Sünden vergeben wurden. Eltern- und Geschwistermord, Blutschande, Kindermord, Fruchtabtreibung, Ehebruch aller Art, die unnatürlichste Wollust, Meineid – kurz alles, was man nur Sünde oder Verbrechen hieß, fand hier seinen Preis. Für die Bezahlung von zwölf Dukaten war es etwa Geistlichen erlaubt, Hurerei, Ehebruch, Blutschande und Sodomie mit Tieren zu treiben!

„Dergleichen Gnaden können Arme nicht teilhaftig werden, denn sie haben kein Geld, also müssen sie des Trostes entbehren!“ So heißt es zynisch am Ende der

heiligen Preisliste. – Leo X. fand es vorteilhaft, den Ablass in einigen Bezirken an große Unternehmen für bestimmte Summen zu verpachten. Die Generalpächter hatten wieder ihre Unterpächter. Ein flächendeckendes Netz von Geldkanälen überzog bald die christliche Welt. Und alle Kanäle führten nach Rom.

Einer der besten Ablassvertreter war wohl der Dominikanermönch Johann Tetzel aus Pirna.
Er führte einen eisernen, mit dem Wappen des Papstes verzierten Kasten mit sich herum, zog von Markt zu Markt und sang: *„Sowie das Geld im Kasten klingt, die Seele aus dem Fegefeuer springt!“* Überall versammelte er eine große Menge um sich. Er rühmte sich, dass er durch den Ablass mehr Seelen aus der Hölle errettet hätte, als von dem Apostel Petrus durch die Predigt des Evangeliums Heiden bekehrt worden waren. Er könnte nicht allein begangene Sünden vergeben, sondern auch solche, die man erst begehen wolle, und die Kraft seines Ablasses sei so groß, dass es keine Sünde gebe, welche durch denselben nicht gesühnt werden könne.

„Seht doch, der Himmel steht euch überall offen. Wollt ihr jetzt nicht hineingehen, wann werdet ihr denn hineinkommen? O ihr unsinnigen und verstockten Menschen, die ihr fast den wilden Tieren gleich seid und die große Verschwendung und Ausgießung der päpstlichen Gnade nicht zu würdigen versteht. Sehet! So viel Seelen könnt ihr aus dem Fegefeuer erlösen! Ihr Hartnäckigen und Saumseligen! Ihr könnt mit zwölf Groschen euren Vater aus dem Fegefeuer reißen und seid doch so undankbar, dass ihr euren Eltern in so großer Not nicht beisteht. Ich will am Jüngsten Gerichte die Schuld davon nicht auf mich nehmen.“

An dem Händlerwesen der römischen Kirche entzündete sich heftige Kritik. Am 31. Oktober 1517 war sie für die Wittenberger Bürger nicht zu übersehen. Eine lange Tirade gegen den Ablasshandel hing groß an der Türe ihrer Schlosskirche. Martin Luther, Doktor der Theologie und Lehrer für Bibelerklärung in Wittenberg, hatte sie dort angebracht, um zu einer öffentlichen Diskussion darüber aufzufordern. Seine 95 Thesen über den Ablass führten zu einem heftigen Streit mit Johann Tetzel.

Im Verlauf der Auseinandersetzung geriet Luther mehr und mehr in Opposition zur römischen Kirche. Auf der Leipziger Disputation 1519 bestritt er schließlich die Unfehlbarkeit der Konzilien und behauptete, die Entstehung des Papsttums habe lediglich menschlich-geschichtliche Ursachen.

Es folgte die päpstliche Bann-Androhungsbulle. Luther verbrannte sie öffentlich. Das war sein endgültiger Bruch mit der römischen Kirche – und der Beginn der Reformation.
Diese beendete das Mittelalter endgültig, und die römische Kirche besaß danach nie mehr uneingeschränkte Macht. In der Zeit der Renaissance und des Humanismus begann das Abendland die Fesseln des Mittelalters endgültig abzustreifen.